DARI KEGELAPAN KEPADA PENGUASAAN: 40 Hari untuk Melepaskan Genggaman Tersembunyi Kegelapan

Ibadah Kesedaran, Pembebasan & Kuasa Global

Untuk Individu, Keluarga dan Negara Sedia Untuk Bebas

Oleh

Zacharias Godseagle; Ambassador Monday O. Ogbe and Comfort Ladi Ogbe

Isi Kandungan

Mengenai Kitab – DARI KEGELAPAN KEPADA PENGUASAAN.....1
Teks Muka Depan 4
Promo Media Satu Perenggan (Akhbar/E-mel/Blurb Iklan)........6
dedikasi 8
Ucapan terima kasih...9
Kepada Pembaca 11
Cara Menggunakan Buku Ini 13
Mukadimah 16
Kata pengantar 18
pengenalan 20
BAB 1: ASAL USUL KERAJAAN GELAP 23
BAB 2: BAGAIMANA KERAJAAN GELAP BEROPERASI HARI INI 26
BAB 3: MATA PENYERTAAN – BAGAIMANA ORANG TERSEBUT.. 29
BAB 4: MANIFESTASI – DARI PEMILIKAN KEPADA OBSES........ 31
BAB 5: KEKUASAAN FIRMAN – KEWIBATAN ORANG BERIMAN 34
HARI 1: BLOODLINES & GATE — MEMUTUSKAN RANTAI KELUARGA 37
HARI 2: PENCEROBOHAN MIMPI — APABILA MALAM MENJADI MEDAN PERANG 40
HARI 3: PASANGAN ROHANI — PERSATUAN TIDAK SUCI YANG MENGIKAT TAKDIR 43
HARI 4: OBJEK TERKUTUK – PINTU YANG MENOTOR 47
HARI 5: TERPESANG & TERTIPU — MEMBEBASKAN DARI SEMANGAT PENYULANGAN 50
HARI 6: PINTU MATA – MENUTUP PORTAL KEGELAPAN........ 53
HARI 7: KUASA DI SEBALIK NAMA — MENOLAK IDENTITI YANG TIDAK SUCI 56
HARI 8: MEMBUKA CAHAYA PALSU — PERANGKAP ZAMAN BARU DAN PENIPUAN MALAIKAT 59

HARI 9: ALTAR DARAH — PERJANJIAN YANG MENUNTUT KEHIDUPAN 62
HARI 10: MANDUL & PECAH — APABILA RAHIM MENJADI MEDAN PERANG 66
HARI 11: GANGGUAN AUTOIMUN & PENAT KRONIK — PERANG GHAIB DALAM 69
HARI 12: EPILEPSI & SEKANAN MENTAL — APABILA MINDA MENJADI PERANG 73
HARI 13: SEMANGAT TAKUT — MEROSAKKAN SARUNG AZAB GHAIB 76
HARI 14: TANDA SYAITAN — MENGHAPUSKAN JENAMA TIDAK SUCI 79
HARI 15: ALAM CERMIN — MELARI DARI PENJARA REFLEKSI 83
HARI 16: MEMUTUSKAN IKATAN KUTUK KATA — MENUNTUT SEMULA NAMA ANDA, MASA DEPAN ANDA 87
HARI 17: PENYELESAIAN DARIPADA KAWALAN & MANIPULASI 91
HARI 18: MEROSAKKAN KUASA TIDAK PENGAMPUNAN & KEPAHITAN 95
HARI 19: PENYEMBUHAN DARI MALU & KETUAKAN 99
HARI 20: SIHIR RUMAH TANGGA — APABILA KEGELAPAN HIDUP DI BAWAH BUMBUNG YANG SAMA 104
HARI 21: ROH IZEBEL — RASU, KAWALAN, DAN MANIPULASI AGAMA 108
HARI 22: ULAR DAN DOA — MEPATAHKAN SEMANGAT PEMBENTUKAN 112
HARI 23: TAKHTA KEZALIMAN — MERUNTUHKAN KUAT WILAYAH 115
HARI 24: SERPIHAN JIWA — APABILA SEBAHAGIAN DARI ANDA HILANG 118
HARI 25: SUMPAH ANAK PELIK — APABILA TAKDIR BERTUKAR KETIKA LAHIR 121
HARI 26: ALTAR KUASA TERSEMBUNYI — MEMECAHKAN DARI PERJANJIAN GHAIB ELITE 125

HARI 27: PAKATAN TIDAK SUCI — FREEMASONRY, ILUMINATI & PENYUSUSIAN ROHANI 128

HARI 28: KABBALAH, GRIDS TENAGA & PUSAT "CAHAYA" MISTIK 132

HARI 29: TUDUNG ILUMINATI — MEMBUKA RANGKAIAN GHAIB ELITE 135

HARI 30: SEKOLAH MISTERI — RAHSIA KUNO, PERIKAT MODEN 139

HARI 31: KABBALAH, GEOMETRI SUCI & PENIPUAN CAHAYA ELITE 143

HARI 3 2: ROH ULAR DI DALAM — APABILA PENYELAMAT DATANG TERLAMBAT 147

HARI 33: ROH ULAR DI DALAM — APABILA PENYELAMAT DATANG TERLAMBAT 152

HARI 34: MASON, KOD & KUTUK — Apabila Persaudaraan Menjadi Ikatan 156

HARI 35: PENYIHIR DI PEWS — APABILA JAHAT MASUK MELALUI PINTU GEREJA 160

HARI 36: MANJA BERKOD — APABILA LAGU, FESYEN & FILEM MENJADI PORTAL 164

HARI 37: ALTAR KUASA GHAIB — FREEMASONS, KABBALAH, & ELIT GHAIB 168

HARI 38: PERJANJIAN RAHIM & KERAJAAN AIR — APABILA TAKDIR NATOR SEBELUM LAHIR 172

HARI 39: AIR DIBABTIKAN MENJADI PERIKATAN — BAGAIMANA BAYI, AWAL & PERJANJIAN GHAIB MEMBUKA PINTU 177

HARI 40: DARI DISERAHKAN KEPADA PENGHANTARAN — KESAKITAN ANDA ADALAH PENTABISAN ANDA 182

360° PENGISYTIHARAN HARIAN PENYAMPAIAN & PENGUASAAN – Bahagian 1 185

360° PENGISYTIHARAN HARIAN PENYAMPAIAN & PENGUASAAN – Bahagian 2 187

360° PENGISYTIHARAN HARIAN PENYAMPAIAN & PENGUASAAN - Bahagian 3 191

KESIMPULAN: DARI SURVIVAL KE ANAK — KEKAL BEBAS, HIDUP BEBAS, BEBASKAN ORANG LAIN 195
   Bagaimana untuk Dilahirkan Semula dan Mulakan Kehidupan Baru bersama Kristus 198
      Detik Keselamatan Saya 201
      Sijil Kehidupan Baru dalam Kristus 202
      BERHUBUNG DENGAN KEMENTERIAN HELANG ALLAH . 204
      BUKU & SUMBER CADANGAN 206
   LAMPIRAN 1: Doa untuk Membezakan Sihir Tersembunyi, Amalan Ghaib, atau Altar Aneh di Gereja 220
   LAMPIRAN 2: Protokol Penolakan & Pembersihan Media 221
   LAMPIRAN 3: Freemasonry, Kabbalah, Kundalini, Sihir, Skrip Penolakan Ghaib 222
   LAMPIRAN 4: Panduan Pengaktifan Minyak Urap 223
   LAMPIRAN 6: Sumber Video dengan Testimoni untuk pertumbuhan rohani 224
   AMARAN AKHIR: Anda Tidak Boleh Bermain Dengan Ini 225

halaman hak cipta

DARI KEGELAPAN KEPADA PENGUASAAN: 40 Hari untuk Melepaskan Genggaman Tersembunyi Kegelapan – Ibadah Kesedaran, Pembebasan & Kuasa Global

Oleh Zacharias Godseagle , Comfort Ladi Ogbe & Duta Isnin O. Ogbe

Hak Cipta © 2025 oleh **Zacharias Godseagle dan God's Eagle Ministries – GEM**

Hak cipta terpelihara.

Tiada bahagian daripada penerbitan ini boleh diterbitkan semula, disimpan dalam sistem perolehan semula, atau dihantar dalam sebarang bentuk atau dengan sebarang cara — elektronik, mekanikal, fotokopi, rakaman, imbasan, atau sebaliknya — tanpa kebenaran bertulis daripada penerbit terlebih dahulu, kecuali dalam hal petikan ringkas yang terkandung dalam artikel atau ulasan kritikal.

Buku ini adalah karya bukan fiksyen dan fiksyen kebaktian. Beberapa nama dan butiran pengenalan telah ditukar untuk privasi jika perlu.

Petikan kitab diambil dari:

- *Terjemahan Hidup Baru (NLT)* , © 1996, 2004, 2015 oleh Yayasan Rumah Tyndale. Digunakan dengan izin. Semua hak terpelihara.

Reka bentuk muka depan oleh GEM TEAM
Susun atur dalaman oleh GEM TEAM
Diterbitkan oleh:
Zacharias Godseagle & God's Eagle Ministries – GEM
www.otakada.org [1] | ambassador@otakada.org
Edisi Pertama, 2025
Dicetak di Amerika Syarikat

---

1. http://www.otakada.org

Mengenai Kitab – DARI KEGELAPAN KEPADA PENGUASAAN

DARI KEGELAPAN KEPADA PENGUASAAN: 40 Hari untuk Melepaskan Genggaman Tersembunyi Kegelapan - *Ibadah Kesedaran, Pembebasan & Kuasa Global - Untuk Individu, Keluarga dan Negara Sedia Untuk Bebas* bukan sekadar kebaktian — ia adalah pertemuan pembebasan global selama 40 hari untuk **Presiden, Perdana Menteri, Paderi, Pekerja Gereja, Ketua Pegawai Eksekutif, Ibu Bapa, Remaja, dan setiap orang percaya** yang enggan hidup dalam kekalahan yang tenang.

Kebaktian 40 hari yang hebat ini menangani *peperangan rohani, pembebasan dari altar nenek moyang, memutuskan hubungan jiwa, pendedahan ilmu ghaib, dan kesaksian global daripada bekas ahli sihir, bekas ahli syaitan* dan mereka yang telah mengatasi kuasa kegelapan.

Sama ada anda **mengetuai negara**, **mengembala gereja**, **menjalankan perniagaan** atau **berjuang untuk keluarga anda dalam almari doa**, buku ini akan mendedahkan perkara yang tersembunyi, menghadapi perkara yang diabaikan dan memberi anda kuasa untuk membebaskan diri.

Ibadah Kesedaran, Pembebasan & Kuasa Global 40 Hari

Di dalam halaman ini, anda akan menghadapi:

- Kutukan keturunan dan perjanjian nenek moyang
- Pasangan roh, roh marin, dan manipulasi astral
- Freemasonry, Kabbalah, kebangkitan kundalini, dan altar sihir
- Dedikasi kanak-kanak, permulaan pranatal, dan kuli syaitan
- Penyusupan media, trauma seksual, dan pemecahan jiwa
- Pertubuhan rahsia, AI syaitan, dan gerakan kebangkitan palsu

Setiap hari termasuk:

- Kisah sebenar atau corak global
- Wawasan berasaskan Kitab Suci
- Aplikasi kumpulan dan peribadi
- Doa penyelamatan + jurnal refleksi
Buku Ini Untuk Anda Jika Anda:

- Presiden **atau penggubal dasar** yang mencari kejelasan rohani dan perlindungan untuk negara anda
- Pendeta , **pendoa syafaat, atau pekerja gereja** yang memerangi kuasa ghaib yang menentang pertumbuhan dan kesucian
- Ketua **Pegawai Eksekutif atau pemimpin perniagaan** menghadapi peperangan dan sabotaj yang tidak dapat dijelaskan
- Remaja **atau pelajar** yang dilanda mimpi, siksaan, atau kejadian aneh
- Ibu **bapa atau penjaga** yang menyedari corak rohani dalam keturunan anda
- Seorang **pemimpin Kristian** yang bosan dengan kitaran doa yang tidak berkesudahan tanpa kejayaan
- Atau hanya seorang **mukmin yang bersedia untuk pergi dari** bertahan kepada kekuasaan yang menang

Kenapa Buku Ini?

Kerana dalam masa kegelapan memakai topeng cahaya, **pembebasan bukan lagi pilihan** .

Dan **kuasa adalah milik yang berpengetahuan, yang dilengkapi, dan yang menyerah diri** .

Ditulis oleh Zacharias Godseagle , Ambassador Monday O. Ogbe , dan Comfort Ladi Ogbe , ini lebih daripada sekadar mengajar — ia adalah **panggilan bangun global** untuk Gereja, keluarga dan negara-negara untuk bangkit dan melawan — bukan dalam ketakutan, tetapi dalam **kebijaksanaan dan kuasa** .

Anda tidak boleh memuridkan apa yang belum anda sampaikan. Dan kamu tidak dapat berjalan dalam kekuasaan sehingga kamu terlepas dari cengkaman kegelapan.

Putuskan kitaran. Hadapi yang tersembunyi. Ambil kembali takdir anda - satu hari pada satu masa.

Teks Muka Depan

DARI KEGELAPAN KEPADA PENGUASAAN
40 Hari untuk Melepaskan Diri dari Genggaman Tersembunyi Kegelapan

Sebuah Ibadah Kesedaran, Pembebasan & Kuasa Global

Adakah anda seorang **presiden**, **paderi**, **ibu bapa**, atau **orang percaya yang berdoa** —terdesak untuk kebebasan dan kejayaan yang berkekalan?

Ini bukan sekadar kebaktian. Ia adalah perjalanan global selama 40 hari melalui medan perang ghaib **perjanjian nenek moyang, ikatan ghaib, roh marin, pemecahan jiwa, penyusupan media dan banyak lagi**. Setiap hari mendedahkan testimoni sebenar, manifestasi global dan strategi penyelamatan yang boleh diambil tindakan.

Anda akan mendedahkan:

- Bagaimana pintu rohani dibuka—dan cara menutupnya
- Akar tersembunyi dari kelewatan, siksaan, dan perhambaan yang berulang
- Doa harian yang kuat, renungan, dan aplikasi kumpulan
- Bagaimana untuk berjalan dalam **penguasaan**, bukan hanya pembebasan

Daripada **mezbah sihir** di Afrika hingga **penipuan zaman baharu** di Amerika Utara... daripada **pertubuhan rahsia** di Eropah hingga **perjanjian darah** di Amerika Latin— **buku ini mendedahkan semuanya**.

KEGELAPAN KEPADA PENGUASAAN ialah peta jalan anda menuju kebebasan, yang ditulis untuk **paderi, pemimpin, keluarga, remaja, profesional, CEO** dan sesiapa sahaja yang bosan berbasikal melalui peperangan tanpa kemenangan.

"Kamu tidak dapat memuridkan apa yang belum kamu sampaikan. Dan kamu tidak dapat berjalan dalam kekuasaan sehingga kamu terlepas dari cengkaman kegelapan."

Promo Media Satu Perenggan (Akhbar/E-mel/Blurb Iklan)

DARKNESS TO DOMINION: 40 Days to Break Free from the Hidden Grip of Darkness ialah kebaktian global yang mendedahkan cara musuh menyusup masuk ke dalam kehidupan, keluarga dan negara melalui altar, garis keturunan, pertubuhan rahsia, ritual ghaib dan kompromi setiap hari. Dengan cerita dari setiap benua dan strategi penyelamatan yang diuji pertempuran, buku ini adalah untuk presiden dan pastor, CEO dan remaja, suri rumah dan pahlawan rohani—sesiapa sahaja yang terdesak untuk kebebasan yang berkekalan. Ia bukan hanya untuk membaca—ia untuk memutuskan rantai.

Tag yang dicadangkan

- kebaktian pembebasan
- peperangan rohani
- testimoni bekas ghaib
- solat dan puasa
- memecahkan sumpahan generasi
- kebebasan daripada kegelapan
- pihak berkuasa rohani Kristian
- semangat marin
- penipuan kundalini
- kongsi gelap terdedah
- Pembebasan 40 hari

 # Hashtags untuk Kempen
#DarknessToDominion
#DeliveranceDevotional

#BreakTheChains
#KebebasanMelalui Kristus
#GlobalAwakening
#HiddenBattlesExposed
#PrayToBreakFree
#SpiritualWarfareBook
#FromDarknessTo Light
#KingdomAuthority
#NoMoreBondage
#ExOccultTestimonies
#KundaliniWarning
#RohMarin Terdedah
#40HariKebebasan

dedikasi

Kepada Dia yang memanggil kita keluar dari kegelapan kepada terang-Nya yang ajaib -
Yesus Kristus, Pembebas kita, Pembawa Terang, dan Raja Kemuliaan.

Kepada setiap jiwa yang menangis dalam diam - terperangkap oleh rantai yang tidak kelihatan, dihantui oleh mimpi, diseksa oleh suara, dan bertarung dengan kegelapan di tempat yang tiada siapa yang melihat - perjalanan ini adalah untuk anda.

Kepada **pendeta**, **pendoa syafaat**, dan **penjaga di dinding**,

Kepada **ibu** yang berdoa sepanjang malam, dan **bapa** yang enggan berputus asa,

Kepada **budak lelaki** yang melihat terlalu banyak, dan **gadis kecil** yang ditandai dengan kejahatan terlalu awal,

Kepada **CEO**, **presiden**, dan **pembuat keputusan** yang memikul beban yang tidak kelihatan di belakang kuasa awam,

Kepada **pekerja gereja** yang berjuang melawan perhambaan rohani, dan berjuang melawan perhambaan

rohani ini panggilan anda untuk bangkit.

Dan kepada mereka yang berani berkongsi cerita mereka — terima kasih. Parut anda kini membebaskan orang lain.

Semoga kebaktian ini menerangi jalan melalui bayang-bayang dan membawa banyak orang ke dalam kekuasaan, penyembuhan, dan api suci.

Anda tidak dilupakan. Anda tidak berdaya. Anda dilahirkan untuk kebebasan.

— *Zacharias Godseagle, Duta Isnin O. Ogbe & Comfort Ladi Ogbe*

Ucapan terima kasih

Pertama sekali, kita mengakui **Tuhan Yang Maha Kuasa — Bapa, Putera, dan Roh Kudus**, Pengarang Terang dan Kebenaran, yang membuka mata kita kepada pertempuran ghaib di sebalik pintu, tabir, mimbar, dan platform yang tertutup. Kepada Yesus Kristus, Penyelamat dan Raja kami, kami memberikan segala kemuliaan.

Kepada lelaki dan wanita yang berani di seluruh dunia yang berkongsi kisah seksaan, kejayaan dan transformasi mereka — keberanian anda telah mencetuskan gelombang kebebasan global. Terima kasih kerana memecah kesunyian.

Kepada kementerian dan penjaga di atas tembok yang telah bekerja di tempat-tempat tersembunyi - mengajar, memberi syafaat, menyampaikan, dan memahami - kami menghormati kegigihan anda. Ketaatan anda terus meruntuhkan kubu kuat dan membuka topeng penipuan di tempat tinggi.

Kepada keluarga kami, rakan doa dan pasukan sokongan yang bersama kami semasa kami menggali runtuhan rohani untuk mendedahkan kebenaran — terima kasih atas kepercayaan dan kesabaran anda yang tidak berbelah bahagi.

Kepada penyelidik, testimoni YouTube, pemberi maklumat dan pejuang kerajaan yang mendedahkan kegelapan melalui platform mereka — keberanian anda telah menyuburkan karya ini dengan cerapan, pendedahan dan kesegeraan.

Kepada **Tubuh Kristus** : buku ini juga milik anda. Semoga ia membangkitkan dalam diri anda tekad suci untuk waspada, arif, dan tidak takut. Kami menulis bukan sebagai pakar, tetapi sebagai saksi. Kami berdiri bukan sebagai hakim, tetapi sebagai mereka yang ditebus.

Dan akhirnya, kepada **pembaca kebaktian ini** — pencari, pahlawan, pendeta, pendeta pembebasan, yang selamat, dan pencinta kebenaran dari

setiap negara — semoga setiap halaman memberi kuasa kepada anda untuk bergerak **Dari kegelapan menuju kekuasaan** .
— Zacharias Godseagle
— **Duta Isnin O. Ogbe**
— **Comfort Ladi Ogbe**

Kepada Pembaca

Ini bukan sekadar buku. Ia adalah panggilan. Panggilan untuk mendedahkan perkara yang telah lama disembunyikan — untuk menghadapi kuasa halimunan yang membentuk generasi, sistem dan jiwa. Sama ada anda seorang **pencari muda**, seorang **paderi yang dipakai dari pertempuran yang anda tidak boleh namakan**, seorang **pemimpin perniagaan yang memerangi ketakutan malam**, atau seorang **ketua negara yang menghadapi kegelapan negara yang tidak putus-putus**, ibadah ini adalah **panduan anda keluar dari bayang-bayang**.

Kepada **individu** : Anda tidak gila. Apa yang anda rasa — dalam mimpi anda, suasana anda, garis keturunan anda — mungkin bersifat rohani. Tuhan bukan sekadar penyembuh; Dia adalah penyelamat.

Kepada **keluarga** : Perjalanan selama 40 hari ini akan membantu anda mengenal pasti corak yang telah lama menyeksa keturunan anda — ketagihan, kematian sebelum waktunya, perceraian, mandul, seksa mental, kemiskinan mendadak — dan menyediakan alat untuk memecahkannya.

Kepada **pemimpin gereja dan pendeta** : Semoga ini membangkitkan kefahaman yang lebih mendalam dan keberanian untuk menghadapi alam roh dari mimbar, bukan hanya podium. Pembebasan bukan pilihan. Ia adalah sebahagian daripada Suruhanjaya Agung.

Kepada **Ketua Pegawai Eksekutif, usahawan dan profesional** : Perjanjian rohani juga beroperasi di bilik lembaga. Dedikasikan perniagaan anda kepada Tuhan. Runtuhkan mezbah nenek moyang yang menyamar sebagai nasib perniagaan, pakatan darah, atau bantuan Freemason. Bina dengan tangan yang bersih.

Kepada **penjaga dan pemberi syafaat** : Kewaspadaan kamu tidak sia-sia. Sumber ini adalah senjata di tangan anda — untuk bandar anda, wilayah anda, negara anda.

Kepada **Presiden dan Perdana Menteri** , jika perkara ini sampai ke meja anda: Negara bukan hanya ditadbir oleh dasar. Mereka diperintah oleh mezbah - dibesarkan secara rahsia atau umum. Sehingga asas yang tersembunyi ditangani, keamanan akan kekal sukar difahami. Semoga kebaktian ini menggerakkan anda ke arah reformasi generasi.

Kepada **lelaki atau wanita muda** yang membaca ini dalam saat terdesak: Tuhan melihat anda. Dia pilih awak. Dan Dia menarik anda keluar - untuk selamanya.

Ini adalah perjalanan anda. Satu hari pada satu masa. Satu rantai pada satu masa.

Dari Kegelapan ke Penguasaan — inilah masa anda.

Cara Menggunakan Buku Ini

DARI KEGELAPAN KEPADA PENGUASAAN: 40 Hari untuk Melepaskan Genggaman Tersembunyi Kegelapan adalah lebih daripada ibadah — ia adalah manual pelepasan, detoks rohani dan kem latihan perang. Sama ada anda membaca bersendirian, bersama kumpulan, di gereja, atau sebagai pemimpin membimbing orang lain, berikut ialah cara untuk memanfaatkan sepenuhnya perjalanan 40 hari yang hebat ini:

Irama Harian

Setiap hari mengikut struktur yang konsisten untuk membantu anda melibatkan roh, jiwa dan badan:

- **Pengajaran Kebaktian Utama** – Tema wahyu yang mendedahkan kegelapan tersembunyi.
- **Konteks Global** – Bagaimana kubu kuat ini menjelma di seluruh dunia.
- **Kisah Kehidupan Nyata** – Pertemuan pembebasan sejati dari budaya yang berbeza.
- **Pelan Tindakan** – Latihan rohani peribadi, penolakan, atau pengisytiharan.
- **Aplikasi Kumpulan** – Untuk digunakan dalam kumpulan kecil, keluarga, gereja, atau pasukan penyelamat.
- **Key Insight** – Pengambilan suling untuk diingati dan didoakan.
- **Jurnal Refleksi** - Soalan hati untuk memproses setiap kebenaran secara mendalam.
- **Doa Pembebasan** – Doa perang rohani yang disasarkan untuk memecahkan kubu kuat.

Perkara yang Anda Perlukan

- **Alkitab** anda
- Jurnal **atau buku nota khusus**
- **Minyak urapan** (pilihan tetapi berkuasa semasa solat)
- Kesediaan untuk **berpuasa dan berdoa** semasa Roh memimpin
- **Rakan kongsi akauntabiliti atau pasukan doa** untuk kes yang lebih mendalam

Cara Menggunakan dengan Kumpulan atau Gereja

- Bertemu **setiap hari atau mingguan** untuk membincangkan pandangan dan memimpin doa bersama.
- Galakkan ahli untuk melengkapkan **Jurnal Refleksi** sebelum sesi kumpulan.
- Gunakan bahagian **Aplikasi Kumpulan** untuk mencetuskan perbincangan, pengakuan atau detik pelepasan korporat.
- Lantik pemimpin terlatih untuk mengendalikan manifestasi yang lebih sengit.

Untuk Pendeta, Pemimpin, dan Menteri Pembebasan

- Ajar topik harian dari mimbar atau di sekolah latihan pelepasan.
- Lengkapkan pasukan anda untuk menggunakan ibadah ini sebagai panduan kaunseling.
- Sesuaikan bahagian seperti yang diperlukan untuk pemetaan rohani, mesyuarat kebangkitan semula atau doa bandar.

Lampiran untuk Meneroka

Pada penghujung buku, anda akan menemui sumber bonus yang hebat, termasuk:

1. **Pengisytiharan Harian Keseluruhan Pembebasan** – Cakap ini dengan kuat setiap pagi dan malam.
2. **Panduan Penolakan Media** – Detoks hidup anda daripada pencemaran rohani dalam hiburan.
3. **Doa untuk Membezakan Altar Tersembunyi di Gereja** – Untuk

pendoa syafaat dan pekerja gereja.
4. **Freemasonry, Kabbalah, Kundalini & Skrip Penolakan Ghaib** – Doa taubat yang kuat.
5. **Senarai Semak Penyerahan Beramai-ramai** – Gunakan dalam perang salib, persekutuan rumah, atau retret peribadi.
6. **Pautan Video Testimoni**

Mukadimah

Terdapat perang - ghaib, tidak terucap, tetapi sangat nyata - mengamuk ke atas jiwa lelaki, wanita, kanak-kanak, keluarga, masyarakat, dan negara.

Buku ini lahir bukan dari teori, tetapi dari api. Dari bilik penyelamat yang menangis. Daripada testimoni berbisik dalam bayang-bayang dan menjerit dari atas bumbung. Dari kajian mendalam, syafaat global, dan kekecewaan suci terhadap agama Kristian peringkat permukaan yang gagal menangani **akar kegelapan** yang masih menjerat orang percaya.

Terlalu ramai orang telah datang ke salib tetapi masih mengheret rantai. Terlalu banyak pendeta yang mengkhotbahkan kebebasan sambil diam-diam diseksa oleh setan nafsu, ketakutan, atau perjanjian nenek moyang. Terlalu banyak keluarga terperangkap dalam kitaran — kemiskinan, penyelewengan, ketagihan, kemandulan, rasa malu — dan **tidak tahu mengapa**. Dan terlalu banyak gereja mengelak bercakap tentang syaitan, sihir, mezbah darah, atau pembebasan kerana ia "terlalu sengit."

Tetapi Yesus tidak mengelak kegelapan - Dia **menghadapinya**.

Dia tidak mengabaikan syaitan - Dia **mengusir mereka**.

Dan Dia tidak mati hanya untuk memaafkan kamu — Dia mati untuk **membebaskan kamu**.

Kebaktian global selama 40 hari ini bukanlah satu kajian Alkitab yang santai. Ia adalah **bilik gerakan rohani**. Jurnal kebebasan. Peta dari neraka bagi mereka yang merasa tersepit antara keselamatan dan kebebasan sejati. Sama ada anda seorang remaja yang terikat dengan pornografi, Wanita Pertama yang dilanda mimpi ular, seorang Perdana Menteri yang diseksa oleh rasa bersalah nenek moyang, seorang nabi yang menyembunyikan perhambaan rahsia, atau seorang kanak-kanak yang bangun dari mimpi syaitan — perjalanan ini adalah untuk anda.

Anda akan temui cerita dari seluruh dunia — Afrika, Asia, Eropah, Amerika Utara dan Selatan — semuanya mengesahkan satu kebenaran: **syaitan tidak membezakan orang**. Tetapi tidak juga Tuhan. Dan apa yang Dia telah lakukan untuk orang lain, Dia boleh lakukan untuk anda.

Buku ini ditulis untuk:

- **Individu** yang mencari pembebasan peribadi
- **Keluarga** yang memerlukan penyembuhan generasi
- **Pendeta** dan pekerja gereja memerlukan kelengkapan
- **Pemimpin perniagaan** mengemudi peperangan rohani di tempat tinggi
- **Negara-negara** berseru untuk kebangkitan yang sebenar
- **Pemuda** yang tanpa sedar telah membuka pintu
- **Menteri penyelamat** yang memerlukan struktur dan strategi
- Dan juga **mereka yang tidak percaya kepada syaitan** — sehingga mereka membaca kisah mereka sendiri di halaman ini

Anda akan diregangkan. Anda akan dicabar. Tetapi jika anda tetap di jalan, anda juga akan **berubah**.

Anda bukan sahaja akan membebaskan diri.

Anda akan **berjalan dalam kekuasaan**.

Mari kita mulakan.

— ***Zacharias Godseagle , Duta Isnin O. Ogbe , dan Comfort Ladi Ogbe***

Kata pengantar

Terdapat kacau di negara-negara. Gegaran di alam roh. Dari mimbar ke parlimen, ruang tamu ke gereja bawah tanah, orang di mana-mana sedang sedar akan kebenaran yang menyeramkan: kami telah memandang rendah jangkauan musuh — dan kami telah salah faham tentang kuasa yang kami bawa dalam Kristus.

Dari Kegelapan ke Penguasaan bukan sekadar kebaktian; ia adalah panggilan yang jelas. Manual kenabian. Talian hayat untuk orang yang terseksa, yang terikat, dan orang beriman yang tulus tertanya-tanya, "Mengapa saya masih dirantai?"

Sebagai seseorang yang telah menyaksikan kebangkitan dan pembebasan di seluruh negara, saya tahu secara langsung bahawa Gereja tidak kekurangan pengetahuan — kita kekurangan **kesedaran rohani**, **keberanian**, dan **disiplin**. Kerja ini merapatkan jurang itu. Ia menyatukan kesaksian global, kebenaran yang sukar dipukul, tindakan praktikal, dan kuasa salib ke dalam perjalanan selama 40 hari yang akan menggoncangkan kehidupan yang tidak aktif dan menyalakan api dalam kepenatan.

Kepada paderi yang berani berhadapan dengan mazbah, kepada orang dewasa muda yang bertarung dengan mimpi jahat secara senyap, kepada pemilik perniagaan yang terjerat dalam perjanjian yang tidak kelihatan, dan kepada pemimpin yang tahu ada sesuatu yang *salah secara rohani* tetapi tidak dapat menyebutnya — buku ini untuk anda.

Saya menggesa anda untuk tidak membacanya secara pasif. Biarkan setiap halaman membangkitkan semangat anda. Biarkan setiap kisah melahirkan peperangan. Biarkan setiap deklarasi melatih mulut anda untuk bercakap dengan api. Dan apabila anda telah melalui 40 hari ini, jangan hanya meraikan kebebasan anda — menjadi wadah untuk kebebasan orang lain.

Kerana penguasaan sejati bukan sekadar melarikan diri dari kegelapan…

Ia berbalik dan menyeret orang lain ke dalam terang.
Dalam Kuasa dan Kuasa Kristus,
Duta Ogbe

pengenalan

DARI KEGELAPAN KEPADA PENGUASAAN: 40 Hari untuk Melepaskan Genggaman Tersembunyi Kegelapan bukan sekadar ibadat—ia adalah panggilan bangun global.

Di seluruh dunia—dari kampung luar bandar ke istana presiden, mezbah gereja hingga ke bilik lembaga—lelaki dan wanita menjerit meminta kebebasan. Bukan hanya keselamatan. **Pembebasan. Kejelasan. Terobosan. Keseluruhan. Damai. kuasa.**

Tetapi inilah kebenarannya: Anda tidak boleh menolak apa yang anda bertolak ansur. Anda tidak boleh melepaskan diri dari apa yang tidak dapat anda lihat. Buku ini adalah cahaya anda dalam kegelapan itu.

Selama 40 hari, anda akan melalui pengajaran, cerita, kesaksian dan tindakan strategik yang mendedahkan operasi tersembunyi kegelapan dan memperkasakan anda untuk mengatasi—roh, jiwa dan badan.

Sama ada anda seorang paderi, Ketua Pegawai Eksekutif, mubaligh, pendoa syafaat, remaja, ibu atau ketua negara, kandungan buku ini akan berhadapan dengan anda. Bukan untuk memalukan anda—tetapi untuk membebaskan anda dan menyediakan anda untuk membawa orang lain ke dalam kebebasan.

Ini adalah **kebaktian global tentang kesedaran, pembebasan, dan kuasa** —berakar dalam kitab suci, dipertajam oleh kisah kehidupan sebenar, dan dibasahi darah Yesus.

Cara Menggunakan Kebaktian Ini

1. **Mulakan dengan 5 Bab Asas**
   Bab-bab ini meletakkan asas. Jangan langkau mereka. Mereka akan membantu anda memahami seni bina rohani kegelapan dan kuasa yang telah diberikan kepada anda untuk mengatasinya.
2. **Berjalan Melalui Setiap Hari Dengan Sengaja**
   Setiap entri harian merangkumi tema fokus, manifestasi global, kisah

sebenar, kitab suci, pelan tindakan, idea aplikasi kumpulan, pandangan utama, gesaan jurnal dan doa yang kuat.
3. **Tutup Setiap Hari Dengan Pengisytiharan 360° Harian**
Ditemui di penghujung buku ini, pengisytiharan yang berkuasa ini direka untuk mengukuhkan kebebasan anda dan melindungi pintu rohani anda.
4. **Gunakannya Sendirian atau Berkumpulan**
Sama ada anda melalui ini secara individu atau dalam kumpulan, persekutuan di rumah, pasukan syafaat, atau kementerian pembebasan—benarkan Roh Kudus membimbing langkah dan memperibadikan rancangan pertempuran.
5. **Jangkakan Pembangkang—dan**
Rintangan Terobosan akan datang. Tetapi begitu juga dengan kebebasan. Pembebasan adalah satu proses, dan Yesus komited untuk menjalankannya bersama anda.

BAB ASAS (Baca Sebelum Hari 1)
1. Asal-usul Kerajaan Gelap
Dari pemberontakan Lucifer kepada kemunculan hierarki syaitan dan roh wilayah, bab ini menjejaki sejarah kegelapan alkitabiah dan rohani. Memahami tempat ia bermula membantu anda mengenali cara ia beroperasi.

2. Bagaimana Kerajaan Gelap Beroperasi Hari Ini
Daripada perjanjian dan pengorbanan darah hingga ke altar, roh marin, dan penyusupan teknologi, bab ini mendedahkan wajah moden roh purba—termasuk cara media, aliran, dan juga agama boleh berfungsi sebagai penyamaran.

3. Mata Penyertaan: Bagaimana Orang Ramai Ketagih
Tiada siapa yang dilahirkan dalam perhambaan secara tidak sengaja. Bab ini meneliti pintu seperti trauma, altar nenek moyang, pendedahan ilmu sihir, ikatan jiwa, rasa ingin tahu ghaib, Freemasonry, kerohanian palsu, dan amalan budaya.

4. Manifestasi: Daripada Kepemilikan kepada Ketaksuban
Apakah rupa perhambaan? Daripada mimpi buruk kepada kelewatan perkahwinan, ketidaksuburan, ketagihan, kemarahan, dan juga "ketawa suci,"

bab ini mendedahkan bagaimana syaitan menyamar sebagai masalah, hadiah, atau personaliti.

5. Kuasa Firman: Kewibawaan Orang Beriman

Sebelum kita memulakan peperangan 40 hari, anda mesti memahami hak undang-undang anda dalam Kristus. Bab ini membekali anda dengan undang-undang rohani, senjata perang, protokol kitab suci, dan bahasa pembebasan.

GALAKAN AKHIR SEBELUM ANDA BERMULA

Tuhan tidak memanggil anda untuk *menguruskan* kegelapan.

Dia memanggil anda untuk **menguasainya**.

Bukan dengan kekuatan, bukan dengan kuasa, tetapi dengan Roh-Nya.

Biarkan 40 hari akan datang ini lebih daripada ibadah.

Biarkan ia menjadi pengebumian untuk setiap mezbah yang pernah mengawal anda...dan pertabalan ke dalam takdir yang Tuhan tetapkan untuk anda.

Perjalanan penguasaan anda bermula sekarang.

BAB 1: ASAL USUL KERAJAAN GELAP

"*Sebab kita bergulat bukan melawan darah dan daging, tetapi melawan pemerintah-pemerintah, melawan penguasa-penguasa, melawan penghulu-penghulu dunia yang gelap ini, melawan kejahatan rohani di tempat yang tinggi.*" — Efesus 6:12

Lama sebelum manusia melangkah ke peringkat masa, perang yang tidak kelihatan meletus di langit. Ini bukan perang pedang atau senjata, tetapi pemberontakan - pengkhianatan yang tinggi terhadap kekudusan dan kuasa Tuhan Yang Maha Tinggi. Alkitab mendedahkan misteri ini melalui pelbagai petikan yang membayangkan kejatuhan salah seorang malaikat Tuhan yang paling cantik - **Lucifer**, yang bersinar - yang berani meninggikan dirinya di atas takhta Tuhan (Yesaya 14:12–15, Yehezkiel 28:12–17).

Pemberontakan kosmik ini melahirkan **Kerajaan Kegelapan** — alam penentangan dan penipuan rohani, terdiri daripada malaikat yang jatuh (sekarang syaitan), kerajaan, dan kuasa yang sejajar dengan kehendak Tuhan dan umat Tuhan.

Kejatuhan dan Pembentukan Kegelapan

LUCIFER TIDAK SELALU jahat. Dia dicipta dengan sempurna dalam kebijaksanaan dan keindahan. Tetapi kesombongan memasuki hatinya, dan kesombongan menjadi pemberontakan. Dia menipu sepertiga malaikat syurga untuk mengikutinya (Wahyu 12:4), dan mereka dibuang dari syurga. Kebencian mereka terhadap manusia berakar dari kecemburuan — kerana manusia diciptakan menurut gambar Tuhan dan diberi kuasa.

Maka bermulalah perang antara **Kerajaan Terang** dan **Kerajaan Kegelapan** — konflik yang tidak kelihatan yang menyentuh setiap jiwa, setiap rumah, dan setiap negara.

Ekspresi Global The Dark Kingdom

WALAUPUN TIDAK KELIHATAN, pengaruh kerajaan gelap ini sangat tertanam dalam:

- **Tradisi budaya** (pemujaan nenek moyang, korban darah, kongsi gelap)
- **Hiburan** (mesej subliminal, muzik ghaib & rancangan)
- **Tadbir urus** (rasuah, pakatan darah, sumpah)
- **Teknologi** (alat untuk ketagihan, kawalan, manipulasi minda)
- **Pendidikan** (humanisme, relativisme, pencerahan palsu)

Dari juju Afrika kepada mistik zaman baru Barat, dari penyembahan jin Timur Tengah kepada dukun Amerika Selatan, bentuknya berbeza tetapi **semangatnya sama** — penipuan, penguasaan, dan kemusnahan.

Mengapa Buku Ini Penting Sekarang

HELAH TERHEBAT SYAITAN adalah untuk membuat orang percaya dia tidak wujud — atau lebih teruk lagi, bahawa caranya tidak berbahaya.

Kebaktian ini adalah **manual kecerdasan rohani** — membuka tabir, mendedahkan rancangannya, dan memperkasakan orang beriman di seluruh benua untuk:

- **Kenali** titik masuk
- **Meninggalkan** perjanjian tersembunyi
- **Menentang** dengan kuasa
- **Dapatkan semula** apa yang dicuri

Anda Dilahirkan dalam Pertempuran

INI BUKAN IBADAH UNTUK mereka yang lemah semangat. Anda dilahirkan di medan perang, bukan taman permainan. Tetapi berita baiknya ialah: **Yesus telah memenangi perang!**

"Ia melucutkan senjata pemerintah dan penguasa dan memalukan mereka secara terang-terangan, dengan kemenangan atas mereka di dalam Dia." — Kolose 2:15

Anda bukan mangsa. Anda lebih daripada seorang penakluk melalui Kristus. Mari dedahkan kegelapan — dan berjalan dengan berani ke dalam terang.

Wawasan Utama

Asal usul kegelapan adalah kesombongan, pemberontakan, dan penolakan terhadap pemerintahan Tuhan. Benih yang sama ini masih beroperasi di dalam hati manusia dan sistem hari ini. Untuk memahami peperangan rohani, kita mesti terlebih dahulu memahami bagaimana pemberontakan itu bermula.

Jurnal Refleksi

- Adakah saya telah menolak peperangan rohani sebagai khurafat?
- Apakah amalan budaya atau keluarga yang telah saya biasakan yang mungkin dikaitkan dengan pemberontakan purba?
- Adakah saya benar-benar memahami perang yang saya dilahirkan?

Doa Penerang

Bapa Syurgawi, nyatakan kepada saya akar-akar pemberontakan yang tersembunyi di sekeliling dan dalam diri saya. Dedahkan pembohongan kegelapan yang mungkin aku peluk tanpa sedar. Biarlah kebenaran-Mu bersinar ke setiap tempat yang gelap. Saya memilih Kerajaan Cahaya. Saya memilih untuk berjalan dalam kebenaran, kuasa, dan kebebasan. Dalam nama Yesus. Amin.

BAB 2: BAGAIMANA KERAJAAN GELAP BEROPERASI HARI INI

"*Supaya syaitan tidak mendapat keuntungan daripada kita, kerana kita tidak mengetahui tipu dayanya.*" — 2 Korintus 2:11

Kerajaan kegelapan tidak beroperasi secara sembarangan. Ia adalah infrastruktur rohani yang teratur dan berlapis-lapis yang mencerminkan strategi ketenteraan. Matlamatnya: menyusup, memanipulasi, mengawal, dan akhirnya memusnahkan. Sama seperti Kerajaan Tuhan mempunyai pangkat dan ketertiban (rasul, nabi, dll.), demikian juga kerajaan kegelapan - dengan pemerintah, kuasa, penguasa kegelapan, dan kejahatan rohani di tempat yang tinggi (Efesus 6:12).

Kerajaan Gelap bukan mitos. Ia bukan cerita rakyat atau kepercayaan karut agama. Ia adalah rangkaian agen rohani yang tidak kelihatan tetapi nyata yang memanipulasi sistem, orang, dan juga gereja untuk memenuhi agenda Syaitan. Walaupun ramai yang membayangkan garpu rumput dan tanduk merah, operasi sebenar kerajaan ini jauh lebih halus, sistematik, dan jahat.

1. Penipuan adalah Matawang Mereka

Musuh berdagang dalam pembohongan. Dari Taman Eden (Kejadian 3) hingga falsafah masa kini, taktik Syaitan sentiasa berkisar tentang menanam keraguan dalam Firman Tuhan. Hari ini, penipuan muncul dalam bentuk:

- *Ajaran Zaman Baru yang menyamar sebagai pencerahan*
- *Amalan ghaib bertopengkan sebagai kebanggaan budaya*
- *Sihir diglamasikan dalam muzik, filem, kartun dan trend media sosial*

Orang ramai tanpa sedar mengambil bahagian dalam ritual atau menggunakan media yang membuka pintu rohani tanpa kebijaksanaan.

2. Struktur Hierarki Kejahatan

Sama seperti Kerajaan Tuhan mempunyai ketertiban, kerajaan gelap beroperasi di bawah hierarki yang ditentukan:

- **Principality** – Semangat wilayah yang mempengaruhi negara dan kerajaan
- **Kuasa** – Ejen yang menguatkuasakan kejahatan melalui sistem syaitan
- **Penguasa Kegelapan** – Penyelaras kebutaan rohani, penyembahan berhala, agama palsu
- **Kejahatan Rohani di Tempat Tinggi** – Entiti peringkat elit yang mempengaruhi budaya, kekayaan dan teknologi global

Setiap syaitan pakar dalam tugasan tertentu — ketakutan, ketagihan, penyelewengan seksual, kekeliruan, kebanggaan, perpecahan.

3. Alat Kawalan Budaya

Syaitan tidak perlu lagi muncul secara fizikal. Budaya kini melakukan tugas berat. Strategi beliau hari ini termasuk:

- **Pemesejan Subliminal:** Muzik, rancangan, iklan yang penuh dengan simbol tersembunyi dan mesej terbalik
- **Penyahpekaan:** Pendedahan berulang kepada dosa (kekerasan, kebogelan, kata-kata kotor) sehingga ia menjadi "biasa"
- **Teknik Kawalan Minda:** Melalui hipnosis media, manipulasi emosi, dan algoritma ketagihan

Ini bukan kebetulan. Ini adalah strategi yang direka untuk melemahkan keyakinan moral, memusnahkan keluarga, dan mentakrifkan semula kebenaran.

4. Perjanjian Generasi & Keturunan

Melalui mimpi, ritual, dedikasi, atau perjanjian nenek moyang, ramai orang tanpa sedar sejajar dengan kegelapan. Syaitan memanfaatkan:

- Mezbah keluarga dan berhala nenek moyang
- Menamakan upacara memanggil roh
- Dosa keluarga rahsia atau kutukan diturunkan

Ini alasan undang-undang terbuka untuk penderitaan sehingga perjanjian dilanggar oleh darah Yesus.

5. Mukjizat Palsu, Nabi Palsu

Kerajaan Gelap menyukai agama — terutamanya jika ia tidak mempunyai kebenaran dan kuasa. Nabi-nabi palsu, roh-roh yang menggoda, dan mukjizat palsu menipu orang ramai:

"Sebab Iblis sendiri berubah menjadi malaikat terang." — 2 Korintus 11:14

Ramai hari ini mengikut suara yang menggeletek telinga tetapi mengikat jiwa mereka.

Wawasan Utama

Syaitan tidak selalu kuat — kadang-kadang dia berbisik melalui kompromi. Taktik terbesar Kerajaan Gelap adalah untuk meyakinkan orang bahawa mereka bebas, sementara mereka diperhambakan secara halus.

Jurnal Refleksi:

- Di manakah anda pernah melihat operasi ini dalam komuniti atau negara anda?
- Adakah terdapat rancangan, muzik, apl atau ritual yang telah anda biasakan yang sebenarnya boleh menjadi alat manipulasi?

Doa Kesedaran & Taubat:

Tuhan Yesus, buka mata saya untuk melihat operasi musuh. Dedahkan setiap pembohongan yang saya percayai. Maafkan saya atas setiap pintu yang saya buka, secara sedar atau tidak. Saya melanggar perjanjian dengan kegelapan dan memilih kebenaran-Mu, kuasa-Mu, dan kebebasan-Mu. Dalam nama Yesus. Amin.

BAB 3: MATA PENYERTAAN – BAGAIMANA ORANG TERSEBUT

"*Jangan berikan syaitan tempat berpijak.*" — Efesus 4:27

Dalam setiap budaya, generasi, dan rumah, terdapat bukaan tersembunyi — pintu masuk yang melaluinya kegelapan rohani masuk. Titik masuk ini mungkin kelihatan tidak berbahaya pada mulanya: permainan zaman kanak-kanak, ritual keluarga, buku, filem, trauma yang tidak dapat diselesaikan. Tetapi apabila dibuka, mereka menjadi asas undang-undang untuk pengaruh syaitan.

Mata Masuk Biasa

1. **Perjanjian Keturunan** – Sumpah nenek moyang, ritual, dan penyembahan berhala yang menurunkan akses kepada roh jahat.
2. **Pendedahan Awal kepada Ghaib** – Seperti dalam kisah *Lourdes Valdivia* dari Bolivia, kanak-kanak yang terdedah kepada ilmu sihir, spiritualisme, atau ritual ghaib sering menjadi terjejas secara rohani.
3. **Media & Muzik** – Lagu dan filem yang memuliakan kegelapan, keghairahan atau pemberontakan secara halus boleh mengundang pengaruh rohani.
4. **Trauma dan Penderaan** – Penderaan seksual, trauma ganas, atau penolakan boleh memecahkan jiwa terbuka kepada roh yang menindas.
5. **Dosa Seksual & Ikatan Jiwa** – Kesatuan seksual yang haram sering mewujudkan ikatan rohani dan pemindahan roh.
6. **Zaman Baru & Agama Palsu** - Kristal, yoga, pemandu semangat, horoskop dan "sihir putih" adalah jemputan bertudung.
7. **Kepahitan & Tidak Pengampunan** – Ini memberikan roh iblis hak yang sah untuk menyiksa (lihat Matius 18:34).

Sorotan Testimoni Global: *Lourdes Valdivia (Bolivia)*
Pada usia 7 tahun, Lourdes telah diperkenalkan dengan ilmu sihir oleh ibunya, seorang ahli ghaib lama. Rumahnya dipenuhi dengan simbol, tulang dari tanah perkuburan, dan buku sihir. Dia mengalami unjuran astral, suara, dan siksaan sebelum akhirnya menemui Yesus dan dibebaskan. Kisahnya adalah salah satu daripada banyak - membuktikan bagaimana pendedahan awal dan pengaruh generasi membuka pintu kepada perhambaan rohani.

Rujukan Greater Exploits:
Cerita tentang bagaimana orang tanpa sedar membuka pintu melalui aktiviti "tidak berbahaya" — hanya untuk terjerat dalam kegelapan — boleh ditemui dalam *Greater Exploits 14* and *Delivered from the Power of Darkness* .(Semak lampiran)

Wawasan Utama
Musuh jarang masuk. Dia menunggu pintu dibuka. Apa yang dirasakan tidak bersalah, diwarisi, atau menghiburkan kadang-kadang boleh menjadi pintu gerbang yang diperlukan oleh musuh.

Jurnal Refleksi

- Apakah detik-detik dalam hidup saya yang mungkin menjadi titik masuk rohani?
- Adakah terdapat tradisi atau objek yang "tidak berbahaya" yang perlu saya lepaskan?
- Adakah saya perlu meninggalkan apa-apa dari masa lalu atau garis keluarga saya?

Doa Pengampunan
Bapa, saya menutup setiap pintu yang saya atau nenek moyang saya telah membuka kepada kegelapan. Saya meninggalkan semua perjanjian, ikatan jiwa, dan pendedahan kepada apa-apa yang tidak suci. Saya memutuskan setiap rantai dengan darah Yesus. Saya menyatakan tubuh, jiwa, dan roh saya adalah milik Kristus sahaja. Dalam nama Yesus. Amin.

BAB 4: MANIFESTASI – DARI PEMILIKAN KEPADA OBSES

"*Apabila roh najis keluar dari seseorang, ia pergi ke tempat-tempat yang gersang untuk mencari perhentian, tetapi tidak menjumpainya, lalu ia berkata, 'Aku akan kembali ke rumah yang telah kutinggalkan'*" — Matius 12:43

Sebaik sahaja seseorang berada di bawah pengaruh kerajaan gelap, manifestasi berbeza-beza berdasarkan tahap akses syaitan yang diberikan. Musuh rohani tidak berpuas hati dengan lawatan - matlamat utamanya ialah kediaman dan penguasaan.

Tahap Manifestasi

1. **Pengaruh** - Musuh mendapat pengaruh melalui pemikiran, emosi, dan keputusan.
2. **Penindasan** – Terdapat tekanan luar, berat, kekeliruan, dan siksaan.
3. **Obsesi** - Orang itu terpaku pada pemikiran gelap atau tingkah laku kompulsif.
4. **Kerasukan** – Dalam kes yang jarang berlaku tetapi nyata, syaitan mengambil tempat tinggal dan mengatasi kehendak, suara atau badan seseorang.

Tahap manifestasi sering dikaitkan dengan kedalaman kompromi rohani.

Kajian Kes Global Manifestasi

- **Afrika:** Kes roh suami/isteri, kegilaan, penghambaan ritual.
- **Eropah:** Hipnosis zaman baharu, unjuran astral, dan pemecahan minda.
- **Asia:** Ikatan jiwa nenek moyang, perangkap penjelmaan semula, dan ikrar keturunan.

- **Amerika Selatan:** Shamanisme, pemandu semangat, ketagihan membaca psikik.
- **Amerika Utara:** Sihir dalam media, horoskop "tidak berbahaya", pintu masuk bahan.
- **Timur Tengah:** Pertemuan jin, sumpah darah, dan pemalsuan kenabian.

Setiap benua mempersembahkan penyamaran unik sistem syaitan yang sama — dan orang percaya mesti belajar bagaimana mengenali tanda-tanda itu.

Gejala Biasa Aktiviti Iblis

- Mimpi ngeri berulang atau lumpuh tidur
- Suara atau siksaan mental
- Dosa kompulsif dan murtad berulang kali
- Penyakit yang tidak dapat dijelaskan, ketakutan, atau kemarahan
- Kekuatan atau ilmu ghaib
- Keengganan secara tiba-tiba kepada perkara-perkara rohani

Wawasan Utama

Apa yang kita panggil isu "mental," "emosi" atau "perubatan" kadangkala mungkin bersifat rohani. Tidak selalu - tetapi cukup kerap bahawa kebijaksanaan adalah penting.

Jurnal Refleksi

- Adakah saya perasan perjuangan berulang yang kelihatan seperti rohani?
- Adakah terdapat corak kemusnahan generasi dalam keluarga saya?
- Apakah jenis media, muzik atau perhubungan yang saya benarkan dalam hidup saya?

Doa Pengampunan

Tuhan Yesus, saya meninggalkan setiap perjanjian tersembunyi, pintu terbuka, dan perjanjian yang tidak bertuhan dalam hidup saya. Saya memutuskan hubungan dengan apa-apa yang bukan dari-Mu - secara sedar atau tidak. Saya menjemput api Roh Kudus untuk memakan setiap kesan kegelapan dalam hidup saya. Bebaskan saya sepenuhnya. Dalam nama-Mu yang perkasa. Amin.

BAB 5: KEKUASAAN FIRMAN – KEWIBATAN ORANG BERIMAN

"*Lihatlah, Aku memberikan kepadamu kuasa untuk menginjak ular dan kalajengking, dan atas segala kekuatan musuh, dan tidak ada yang akan menyakitimu.*" — Lukas 10:19 (KJV)

Ramai orang beriman hidup dalam ketakutan akan kegelapan kerana mereka tidak memahami cahaya yang mereka bawa. Namun Kitab Suci mendedahkan bahawa **Firman Tuhan bukan sahaja pedang (Efesus 6:17)** - ia adalah api (Yeremia 23:29), tukul, benih, dan kehidupan itu sendiri. Dalam pertempuran antara terang dan kegelapan, mereka yang mengetahui dan mengisytiharkan Firman tidak pernah menjadi mangsa.

Apakah Kuasa Ini?

Kuasa yang dibawa oleh orang percaya adalah **kuasa yang diwakilkan**. Seperti seorang pegawai polis dengan lencana, kita berdiri bukan atas kekuatan kita sendiri, tetapi dalam **nama Yesus** dan melalui Firman Tuhan. Apabila Yesus mengalahkan Syaitan di padang gurun, Dia tidak berteriak, menangis, atau panik — Dia hanya berkata: *"Ada tertulis."*

Ini adalah corak untuk semua peperangan rohani.

Mengapa Ramai Penganut Kristian Kekal Dikalahkan

1. **Kejahilan** – Mereka tidak tahu apa yang Firman katakan tentang identiti mereka.
2. **Diam** – Mereka tidak mengisytiharkan Firman Tuhan atas situasi.
3. **Ketidakkonsistenan** - Mereka hidup dalam kitaran dosa, yang menghakis keyakinan dan akses.

Kemenangan bukan tentang menjerit lebih kuat; ia tentang **mempercayai lebih dalam** dan **mengisytiharkan dengan berani**.

Autoriti dalam Tindakan – Cerita Global

- **Nigeria:** Seorang budak lelaki yang terperangkap dalam pemujaan dilahirkan apabila ibunya secara konsisten mengurapi biliknya dan bercakap Mazmur 91 setiap malam.
- **Amerika Syarikat:** Bekas Wiccan meninggalkan ilmu sihir selepas rakan sekerjanya secara senyap-senyap mengisytiharkan kitab suci di ruang kerjanya setiap hari selama berbulan-bulan.
- **India:** Seorang yang beriman mengisytiharkan Yesaya 54:17 semasa menghadapi serangan sihir hitam yang berterusan — serangan berhenti, dan penyerang mengaku.
- **Brazil:** Seorang wanita menggunakan pengisytiharan harian Roma 8 kerana pemikirannya untuk membunuh diri dan mula berjalan dalam kedamaian ghaib.

Firman itu hidup. Ia tidak memerlukan kesempurnaan kita, hanya iman dan pengakuan kita.

Bagaimana Menggunakan Firman dalam Peperangan

1. **Menghafal Kitab Suci** yang berkaitan dengan identiti, kemenangan, dan perlindungan.
2. **Ucapkan Firman dengan kuat**, terutamanya semasa serangan rohani.
3. **Gunakannya dalam doa**, mengisytiharkan janji Tuhan dalam situasi.
4. **Berpuasa + Berdoalah** dengan Firman sebagai sauh anda (Matius 17:21).

Kitab Suci Asas untuk Peperangan

- *2 Korintus 10:3–5* – Meruntuhkan kubu pertahanan
- *Yesaya 54:17* – Tidak ada senjata yang dibentuk akan berhasil
- *Lukas 10:19* – Kuasa atas musuh
- *Mazmur 91* – Perlindungan Ilahi
- *Wahyu 12:11* – Dikalahkan oleh darah dan kesaksian

Wawasan Utama

Firman Tuhan di mulut anda adalah sama kuatnya dengan Firman di mulut Tuhan — apabila diucapkan dalam iman.

Jurnal Refleksi

- Adakah saya tahu hak rohani saya sebagai orang yang beriman?
- Ayat apa yang aktif saya pegang hari ini?
- Adakah saya telah membenarkan ketakutan atau kejahilan untuk membungkam kuasa saya?

Doa Pemberdayaan

Bapa, buka mata saya kepada kuasa yang saya miliki dalam Kristus. Ajar saya untuk menggunakan Firman-Mu dengan keberanian dan iman. Di mana saya telah membiarkan ketakutan atau kejahilan untuk memerintah, biarlah wahyu datang. Saya berdiri hari ini sebagai anak Tuhan, dipersenjatai dengan Pedang Roh. Saya akan bercakap Firman. Saya akan berdiri dalam kemenangan. Saya tidak akan takut kepada musuh - kerana Dia yang ada di dalam saya lebih besar. Dalam nama Yesus. Amin.

HARI 1: BLOODLINES & GATE — MEMUTUSKAN RANTAI KELUARGA

"*Nenek moyang kami telah berdosa dan tiada lagi, dan kami menanggung hukuman mereka.*" — Ratapan 5:7

Anda mungkin diselamatkan, tetapi keturunan anda masih mempunyai sejarah — dan sehingga perjanjian lama dilanggar, mereka terus bercakap.

Di setiap benua, terdapat altar tersembunyi, perjanjian nenek moyang, ikrar rahsia, dan kedurhakaan yang diwarisi yang kekal aktif sehingga ia ditangani secara khusus. Apa yang bermula dengan moyang dan nenek mungkin masih menuntut nasib anak-anak hari ini.

Ungkapan Global

- **Afrika** - Dewa keluarga, peramal, sihir generasi, pengorbanan darah.
- **Asia** – Penyembahan nenek moyang, ikatan penjelmaan semula, rantai karma.
- **Amerika Latin** - Santeria, altar kematian, sumpah darah shamanistik.
- **Eropah** - Freemasonry, akar pagan, pakatan keturunan.
- **Amerika Utara** – Warisan zaman baru, keturunan masonik, objek ghaib.

Kutukan itu berterusan sehingga seseorang bangkit untuk berkata, "Tidak lagi!"

Testimoni Lebih Dalam – Penyembuhan dari Akar

Seorang wanita dari Afrika Barat, selepas membaca *Greater Exploits 14*, menyedari keguguran kroniknya dan siksaan yang tidak dapat dijelaskan dikaitkan dengan kedudukan datuknya sebagai imam kuil. Dia telah menerima Kristus bertahun-tahun yang lalu tetapi tidak pernah berurusan dengan perjanjian keluarga.

Selepas tiga hari berdoa dan berpuasa, dia telah dituntun untuk memusnahkan harta pusaka tertentu dan meninggalkan perjanjian menggunakan Galatia 3:13. Pada bulan itu juga, dia mengandung dan mengandung seorang anak yang cukup bulan. Hari ini, dia memimpin orang lain dalam pelayanan penyembuhan dan pembebasan.

Seorang lagi lelaki di Amerika Latin, dari buku *Delivered from the Power of Darkness*, mendapati kebebasan selepas menolak sumpahan Freemasonry yang diturunkan secara rahsia daripada datuknya. Semasa dia mula menerapkan tulisan suci seperti Yesaya 49:24–26 dan terlibat dalam doa pembebasan, siksaan mentalnya berhenti dan kedamaian dipulihkan di rumahnya.

Kisah-kisah ini bukan kebetulan — ia adalah kesaksian kebenaran dalam tindakan.

Pelan Tindakan – Inventori Keluarga

1. Tulis semua kepercayaan keluarga, amalan dan pertalian yang diketahui — agama, mistik atau kongsi gelap.
2. Mintalah kepada Tuhan untuk mendedahkan mezbah dan perjanjian yang tersembunyi.
3. Hancurkan dan buang dengan doa apa-apa objek yang terikat dengan penyembahan berhala atau amalan ghaib.
4. Puasa seperti yang dipimpin dan gunakan kitab suci di bawah untuk memecahkan asas undang-undang:
    - *Imamat 26:40–42*
    - *Yesaya 49:24–26*
    - *Galatia 3:13*

PERBINCANGAN & APLIKASI Kumpulan

- Apakah amalan keluarga biasa yang sering diabaikan sebagai tidak berbahaya tetapi mungkin berbahaya dari segi rohani?
- Minta ahli berkongsi tanpa nama (jika perlu) sebarang mimpi, objek atau kitaran berulang dalam keturunan mereka.
- Doa kumpulan pelepasan — setiap orang boleh menyebut nama

keluarga atau isu yang ditinggalkan.

Alat Kementerian: Bawa minyak urapan. Tawarkan perjamuan. Pimpin kumpulan dalam doa perjanjian penggantian — mendedikasikan setiap garis keluarga kepada Kristus.

Wawasan Utama

Dilahirkan semula menyelamatkan semangat anda. Melanggar perjanjian keluarga memelihara nasib anda.

Jurnal Refleksi

- Apa yang berlaku dalam keluarga saya? Apa yang perlu berhenti dengan saya?
- Adakah terdapat item, nama atau tradisi di rumah saya yang perlu ditinggalkan?
- Apakah pintu yang dibuka oleh nenek moyang saya yang kini perlu saya tutup?

Doa Pelepasan

Tuhan Yesus, saya berterima kasih kepada-Mu untuk darah-Mu yang bercakap perkara-perkara yang lebih baik. Hari ini saya meninggalkan setiap altar tersembunyi, perjanjian keluarga, dan perhambaan yang diwarisi. Saya memutuskan rantai keturunan saya dan mengisytiharkan bahawa saya adalah ciptaan baru. Hidup, keluarga, dan takdirku kini hanya milikMu. Dalam nama Yesus. Amin.

HARI 2: PENCEROBOHAN MIMPI — APABILA MALAM MENJADI MEDAN PERANG

"*Ketika manusia tidur, datanglah musuhnya dan menaburkan lalang di antara gandum itu, lalu pergi.*" — Matius 13:25

Bagi kebanyakan orang, peperangan rohani yang paling hebat tidak berlaku semasa terjaga - ia berlaku semasa mereka tidur.

Mimpi bukan sekadar aktiviti otak secara rawak. Mereka adalah portal rohani yang melaluinya amaran, serangan, perjanjian, dan takdir ditukar. Musuh menggunakan tidur sebagai medan pertempuran yang senyap untuk menyemai ketakutan, nafsu, kekeliruan, dan kelewatan — semuanya tanpa tentangan kerana kebanyakan orang tidak menyedari peperangan itu.

Ungkapan Global

- **Afrika** - Pasangan rohani, ular, makan dalam mimpi, menyamar.
- **Asia** - Pertemuan nenek moyang, mimpi kematian, siksaan karma.
- **Amerika Latin** - Syaitan haiwan, bayang-bayang, lumpuh tidur.
- **Amerika Utara** - Unjuran astral, mimpi makhluk asing, tayangan semula trauma.
- **Eropah** – Manifestasi Gothic, syaitan seks (incubus/succubus), serpihan jiwa.

Jika Syaitan boleh mengawal impian anda, dia boleh mempengaruhi nasib anda.

Testimoni – Dari Keganasan Malam kepada Keamanan

Seorang wanita muda dari United Kingdom menghantar e-mel selepas membaca *Ex-Satanist: The James Exchange* . Dia berkongsi bagaimana selama bertahun-tahun, dia dibelenggu mimpi dikejar, digigit anjing, atau tidur dengan lelaki pelik — sentiasa diikuti dengan kemunduran dalam kehidupan sebenar. Hubungannya gagal, peluang pekerjaan hilang, dan dia sentiasa keletihan.

Melalui puasa dan mempelajari tulisan suci seperti Ayub 33:14–18, dia mendapati bahawa Tuhan sering bercakap melalui mimpi — tetapi begitu juga musuh. Dia mula meminyaki kepalanya dengan minyak, menolak mimpi jahat dengan kuat apabila bangun, dan menyimpan jurnal mimpi. Secara beransur-ansur, impiannya menjadi lebih jelas dan damai. Hari ini, dia mengetuai kumpulan sokongan untuk wanita muda yang mengalami serangan mimpi.

Seorang ahli perniagaan Nigeria, selepas mendengar testimoni YouTube, menyedari impiannya untuk dihidangkan makanan setiap malam dikaitkan dengan ilmu sihir. Setiap kali dia menerima makanan dalam mimpinya, perkara menjadi tidak kena dalam perniagaannya. Dia belajar untuk menolak makanan serta-merta dalam mimpi, berdoa dalam bahasa roh sebelum tidur, dan kini melihat strategi dan amaran ilahi sebaliknya.

Pelan Tindakan – Kuatkan Jam Tangan Malam Anda

1. **Sebelum Tidur:** Baca ayat suci dengan kuat. Ibadah. Lumurkan kepala anda dengan minyak.
2. **Jurnal Mimpi:** Tulis setiap mimpi apabila bangun - baik atau buruk. Mintalah Roh Kudus untuk tafsiran.
3. **Menolak & Menolak:** Jika mimpi itu melibatkan aktiviti seksual, saudara mara yang mati, makan, atau perhambaan — tinggalkan segera dalam doa.
4. **Peperangan Kitab Suci:**
    - *Mazmur 4:8* - Tidur yang nyenyak
    - *Ayub 33:14–18* — Tuhan berfirman melalui mimpi
    - *Matius 13:25* - Musuh menabur lalang
    - *Yesaya 54:17* - Tidak ada senjata yang dibuat untuk melawan kamu

Permohonan Kumpulan

- Kongsi mimpi baru-baru ini tanpa nama. Biarkan kumpulan

membezakan corak dan makna.
- Ajar ahli bagaimana untuk menolak mimpi jahat secara lisan dan menutup yang baik dalam doa.
- Pengisytiharan kumpulan: "Kami melarang transaksi syaitan dalam mimpi kami, dalam nama Yesus!"

Alatan Kementerian:

- Bawa kertas dan pen untuk jurnal impian.
- Tunjukkan cara mengurapi rumah dan tempat tidur seseorang.
- Tawarkan perjamuan sebagai meterai perjanjian untuk malam itu.

Wawasan Utama

Mimpi adalah sama ada pintu masuk kepada pertemuan ilahi atau perangkap syaitan. Kebijaksanaan adalah kunci.

Jurnal Refleksi

- Apakah jenis impian yang saya alami secara konsisten?
- Adakah saya mengambil masa untuk merenung impian saya?
- Adakah mimpi saya memberi amaran kepada saya tentang sesuatu yang saya abaikan?

Doa Berjaga Malam

Bapa, saya mendedikasikan impian saya kepada-Mu. Jangan biarkan kuasa jahat muncul ke dalam tidur saya. Saya menolak setiap perjanjian setan, kekotoran seksual, atau manipulasi dalam mimpi saya. Saya menerima kunjungan ilahi, arahan syurga, dan perlindungan malaikat semasa saya tidur. Biarkan malam saya dipenuhi dengan kedamaian, wahyu, dan kuasa. Dalam nama Yesus, amin.

HARI 3: PASANGAN ROHANI — PERSATUAN TIDAK SUCI YANG MENGIKAT TAKDIR

"*Sebab Penciptamu ialah suamimu—Tuhan Yang Mahakuasa adalah nama-Nya...*" — Yesaya 54:5

"*Mereka mempersembahkan anak-anak lelaki dan perempuan mereka kepada setan-setan.*" — Mazmur 106:37

Walaupun ramai yang menangis untuk kejayaan perkahwinan, apa yang mereka tidak sedar ialah mereka sudah pun berada dalam **perkahwinan rohani** — yang tidak pernah mereka setujui.

Ini adalah **perjanjian yang dibentuk melalui mimpi, pencabulan, ritual darah, pornografi, sumpah nenek moyang, atau pemindahan setan** . Pasangan roh — incubus (lelaki) atau succubus (wanita) — mengambil hak undang-undang ke atas tubuh, keintiman dan masa depan seseorang, sering menyekat perhubungan, memusnahkan rumah tangga, menyebabkan keguguran, dan menyemarakkan ketagihan.

Manifestasi Global

- **Afrika** – Arwah laut (Mami Wata), arwah isteri/suami dari kerajaan air.
- **Asia** - Perkahwinan samawi, kutukan pasangan jiwa karma, pasangan yang menjelma semula.
- **Eropah** – Kesatuan sihir, pencinta syaitan dari Freemasonry atau akar Druid.
- **Amerika Latin** - Perkahwinan Santeria, mantera cinta, "perkahwinan roh" berasaskan pakatan.
- **Amerika Utara** – Portal rohani yang disebabkan oleh lucah, semangat seks zaman baharu, penculikan makhluk asing sebagai

manifestasi pertemuan incubus.

Kisah Nyata — Pertempuran untuk Kebebasan Perkahwinan
Tolu, Nigeria

Tolu berumur 32 tahun dan bujang. Setiap kali bertunang, lelaki itu tiba-tiba hilang. Dia sentiasa bermimpi untuk berkahwin dalam majlis yang rumit. Dalam *Greater Exploits 14* , dia menyedari kesnya sepadan dengan keterangan yang dikongsi di sana. Dia menjalani puasa tiga hari dan solat perang malam pada tengah malam, memutuskan ikatan jiwa dan mengusir roh marin yang menuntutnya. Hari ini, dia sudah berkahwin dan menasihati orang lain.

Lina, Filipina

Lina sering merasakan "kehadiran" bersamanya pada waktu malam. Dia fikir dia sedang membayangkan sesuatu sehingga lebam mula kelihatan di kaki dan peha tanpa penjelasan. Pendetanya melihat pasangan rohani. Dia mengaku pengguguran yang lalu dan ketagihan pornografi, kemudian menjalani pembebasan. Dia kini membantu wanita muda mengenal pasti corak yang sama dalam komunitinya.

Pelan Tindakan – Melanggar Perjanjian

1. **Mengaku** dan bertaubat dari dosa seksual, ikatan jiwa, pendedahan ghaib, atau ritual nenek moyang.
2. **Tolak** semua perkahwinan rohani dalam doa — dengan nama, jika didedahkan.
3. **Berpuasalah** selama 3 hari (atau seperti yang dipimpin) dengan Yesaya 54 dan Mazmur 18 sebagai kitab utama.
4. **Musnahkan** token fizikal: cincin, pakaian atau hadiah yang diikat dengan kekasih lampau atau gabungan ilmu ghaib.
5. **Istiharkan dengan kuat :**

Saya tidak berkahwin dengan mana-mana roh. Saya dijanjikan dengan Yesus Kristus. Saya menolak setiap kesatuan iblis dalam tubuh, jiwa, dan roh saya!

Alat Kitab Suci

- Yesaya 54:4–8 – Tuhan sebagai Suami sejati anda
- Mazmur 18 – Memutuskan tali kematian
- 1 Korintus 6:15–20 – Tubuhmu adalah milik Tuhan
- Hosea 2:6–8 – Melanggar perjanjian yang tidak bertuhan

Permohonan Kumpulan

- Tanya ahli kumpulan: Pernahkah anda bermimpi tentang perkahwinan, hubungan seks dengan orang yang tidak dikenali, atau sosok bayangan pada waktu malam?
- Pimpin kumpulan penolakan pasangan rohani.
- Main peranan "mahkamah perceraian di syurga" — setiap peserta memfailkan perceraian rohani di hadapan Tuhan dalam doa.
- Gunakan minyak urapan pada kepala, perut, dan kaki sebagai simbol pembersihan, pembiakan, dan pergerakan.

Wawasan Utama

Perkahwinan setan adalah benar. Tetapi tidak ada kesatuan rohani yang tidak dapat dipecahkan oleh darah Yesus.

Jurnal Refleksi

- Adakah saya mempunyai impian berulang tentang perkahwinan atau seks?
- Adakah terdapat corak penolakan, kelewatan, atau keguguran dalam hidup saya?
- Adakah saya sanggup menyerahkan sepenuhnya badan, seksualiti, dan masa depan saya kepada Tuhan?

Doa Pembebasan

Bapa Syurgawi, saya bertaubat dari setiap dosa seksual, yang diketahui atau tidak diketahui. Saya menolak dan meninggalkan setiap pasangan rohani, semangat marin, atau perkahwinan ghaib yang meragut nyawa saya. Dengan kuasa dalam darah Yesus, saya melanggar setiap perjanjian, benih impian, dan ikatan jiwa. Saya menyatakan bahawa saya adalah Pengantin Kristus, dikhususkan untuk kemuliaan-Nya. Saya berjalan bebas, dalam nama Yesus. Amin.

HARI 4: OBJEK TERKUTUK – PINTU YANG MENOTOR

"*Janganlah kamu membawa sesuatu yang keji ke dalam rumahmu, supaya kamu jangan dikutuk seperti itu.*" — Ulangan 7:26

Entri Tersembunyi Ramai Yang Abaikan

Bukan semua harta benda hanyalah milikan. Beberapa perkara membawa sejarah. Yang lain membawa roh. Objek terkutuk bukan sahaja berhala atau artifak — ia boleh berupa buku, perhiasan, patung, simbol, hadiah, pakaian, atau bahkan pusaka warisan yang pernah didedikasikan untuk kuasa gelap. Apa yang ada di rak anda, pergelangan tangan anda, dinding anda — mungkin merupakan pintu masuk untuk siksaan dalam hidup anda.

Pemerhatian Global

- **Afrika** : Ubi, azimat, dan gelang yang diikat pada ahli sihir atau penyembahan nenek moyang.
- **Asia** : Azimat, patung zodiak, dan cenderahati kuil.
- **Amerika Latin** : Kalung Santería, anak patung, lilin dengan tulisan roh.
- **Amerika Utara** : Kad Tarot, papan Ouija, penangkap mimpi, memorabilia seram.
- **Eropah** : Peninggalan pagan, buku ghaib, aksesori bertemakan ahli sihir.

Sepasang suami isteri di Eropah mengalami sakit mendadak dan tekanan rohani selepas pulang dari bercuti di Bali. Tanpa disedari, mereka telah membeli patung ukiran yang telah didedikasikan untuk dewa laut tempatan. Selepas solat dan kebijaksanaan, mereka mengeluarkan barang itu dan membakarnya. Kedamaian kembali serta merta.

Seorang lagi wanita daripada testimoni *Greater Exploits* melaporkan mimpi ngeri yang tidak dapat dijelaskan, sehinggalah ia mendedahkan bahawa kalung berbakat daripada ibu saudaranya sebenarnya adalah alat pemantauan rohani yang disucikan di sebuah kuil.

Anda bukan sahaja membersihkan rumah anda secara fizikal — anda juga mesti membersihkannya secara rohani.

Kesaksian: "Anak Patung yang Memerhati Saya"

Lourdes Valdivia, yang kisahnya kami terokai lebih awal dari Amerika Selatan, pernah menerima anak patung porselin semasa perayaan keluarga. Ibunya telah menyucikannya dalam upacara ghaib. Sejak malam ia dibawa masuk ke dalam biliknya, Lourdes mula mendengar suara, mengalami lumpuh tidur, dan melihat figura pada waktu malam.

Sehinggalah seorang rakan Kristian berdoa bersamanya dan Roh Kudus mendedahkan asal usul anak patung itu barulah dia menyingkirkannya. Serta-merta, kehadiran syaitan itu pergi. Ini memulakan kebangkitannya - daripada penindasan kepada pembebasan.

Pelan Tindakan – Audit Rumah & Jantung

1. **Berjalan melalui setiap bilik** di rumah anda dengan minyak urapan dan Firman.
2. **Mintalah Roh Kudus** untuk menyerlahkan objek atau karunia yang bukan dari Tuhan.
3. **Bakar atau buang** barang-barang yang dikaitkan dengan ilmu ghaib, penyembahan berhala, atau maksiat.
4. **Tutup semua pintu** dengan kitab suci seperti:
   - *Ulangan 7:26*
   - *Kisah 19:19*
   - *2 Korintus 6:16–18*

Perbincangan & Pengaktifan Kumpulan

- Kongsi apa-apa barangan atau hadiah yang pernah anda miliki yang mempunyai kesan luar biasa dalam hidup anda.
- Buat "Senarai Semak Pembersihan Rumah" bersama-sama.
- Tugaskan pasangan untuk berdoa melalui persekitaran rumah

masing-masing (dengan izin).
- Jemput seorang menteri pembebasan tempatan untuk memimpin doa pembersihan rumah nubuatan.

Alat untuk Kementerian: Minyak urap, muzik penyembahan, beg sampah (untuk dibuang sebenar), dan bekas selamat api untuk barang-barang yang akan dimusnahkan.

Wawasan Utama

Apa yang anda benarkan di ruang anda boleh membenarkan roh dalam hidup anda.

Jurnal Refleksi

- Apakah barang dalam rumah atau almari pakaian saya yang mempunyai asal usul rohani yang tidak jelas?
- Adakah saya telah memegang sesuatu kerana nilai sentimental yang kini perlu saya lepaskan?
- Adakah saya bersedia untuk menguduskan ruang saya untuk Roh Kudus?

Doa Pembersihan

Tuhan Yesus, saya menjemput Roh Kudus-Mu untuk mendedahkan apa-apa di rumah saya yang bukan milik-Mu. Saya meninggalkan setiap objek, hadiah atau barang terkutuk yang terikat dengan kegelapan. Saya mengisytiharkan tanah suci rumah saya. Biarkan kedamaian dan kesucian-Mu tinggal di sini. Dalam nama Yesus. Amin.

HARI 5: TERPESANG & TERTIPU — MEMBEBASKAN DARI SEMANGAT PENYULANGAN

"Orang-orang ini adalah hamba Allah Yang Mahatinggi, yang memberitakan kepada kita jalan keselamatan." — *Kisah Para Rasul 16:17 (NKJV)*

"Tetapi Paulus, dengan sangat jengkel, berpaling dan berkata kepada roh itu, 'Demi nama Yesus Kristus, aku menyuruh engkau keluar dari dia.' Dan dia keluar pada jam itu juga." — *Kisah 16:18*

Terdapat garis tipis antara nubuatan dan ramalan — dan ramai hari ini melintasinya tanpa mengetahuinya.

Daripada nabi YouTube yang mengenakan bayaran untuk "kata-kata peribadi," kepada pembaca tarot media sosial yang memetik kitab suci, dunia telah menjadi pasaran kebisingan rohani. Dan yang menyedihkan, ramai orang beriman tanpa disedari minum dari sungai yang tercemar.

Roh **ramalan** meniru Roh Kudus. Ia menyanjung, menggoda, memanipulasi emosi, dan menjerat mangsanya dalam jaringan kawalan. Matlamatnya? **Untuk menjerat, menipu, dan memperhambakan secara rohani.**

Ungkapan Global Ramalan

- **Afrika** – Oracles, imam Ifá, perantara roh air, penipuan kenabian.
- **Asia** – Pembaca palma, ahli nujum, pelihat nenek moyang, penjelmaan semula "nabi".
- **Amerika Latin** - Nabi Santeria, pembuat azimat, orang suci dengan kuasa gelap.
- **Eropah** – Kad Tarot, kewaskitaan, bulatan sederhana, penyaluran Zaman Baru.

- **Amerika Utara** - psikik "Kristian", numerologi di gereja, kad malaikat, pemandu roh yang menyamar sebagai Roh Kudus.

Apa yang berbahaya bukan hanya apa yang mereka katakan — tetapi **semangat** di sebaliknya.

Kesaksian: Dari Clairvoyant kepada Kristus

Seorang wanita Amerika memberi keterangan di YouTube bagaimana dia berubah daripada menjadi "nabi perempuan Kristian" kepada menyedari bahawa dia beroperasi di bawah semangat ramalan. Dia mula melihat penglihatan dengan jelas, memberikan kata-kata kenabian yang terperinci, dan menarik orang ramai dalam talian. Tetapi dia juga melawan kemurungan, mimpi buruk, dan mendengar suara berbisik selepas setiap sesi.

Suatu hari, semasa menonton pengajaran tentang *Kisah 16*, timbangan itu jatuh. Dia sedar dia tidak pernah tunduk kepada Roh Kudus - hanya kepada pemberiannya. Selepas pertobatan dan pembebasan yang mendalam, dia memusnahkan kad malaikat dan jurnal puasanya yang penuh dengan ritual. Hari ini, dia memberitakan Yesus, bukan lagi "perkataan".

Pelan Tindakan – Menguji Semangat

1. Tanya: Adakah perkataan/hadiah ini menarik saya kepada **Kristus**, atau kepada **orang** yang memberinya?
2. Uji setiap roh dengan *1 Yohanes 4:1–3*.
3. Bertaubatlah untuk sebarang penglibatan dengan amalan nubuatan psikik, ghaib, atau palsu.
4. Putuskan semua ikatan jiwa dengan nabi palsu, peramal, atau pengajar ilmu sihir (walaupun dalam talian).
5. Nyatakan dengan berani:

"Saya menolak setiap roh yang berdusta. Saya adalah kepunyaan Yesus sahaja. Telinga saya tertuju kepada suara-Nya!"

Permohonan Kumpulan

- Bincangkan: Pernahkah anda mengikuti seorang nabi atau pembimbing rohani yang kemudiannya ternyata palsu?
- Latihan Kumpulan: Pimpin ahli untuk meninggalkan amalan

tertentu seperti astrologi, pembacaan jiwa, permainan psikik, atau pengaruh rohani yang tidak berakar pada Kristus.
- Jemput Roh Kudus: Berikan 10 minit untuk berdiam diri dan mendengar. Kemudian kongsi apa yang Tuhan nyatakan - jika ada.
- Bakar atau padamkan item digital/fizikal yang berkaitan dengan ramalan, termasuk buku, apl, video atau nota.

Alat Pelayanan:
Minyak penyelamat, salib (simbol penyerahan), tong/baldi untuk membuang barang simbolik, muzik penyembahan yang berpusat pada Roh Kudus.

Wawasan Utama
Tidak semua yang ghaib itu dari Tuhan. Nubuatan yang benar mengalir dari keintiman dengan Kristus, bukan manipulasi atau tontonan.

Jurnal Refleksi

- Adakah saya pernah tertarik kepada amalan rohani psikik atau manipulatif?
- Adakah saya lebih ketagih dengan "perkataan" daripada Firman Tuhan?
- Apakah suara yang telah saya berikan akses yang kini perlu disenyapkan?

DOA PEMBEBASAN

Bapa, saya tidak bersetuju dengan setiap roh ramalan, manipulasi, dan nubuatan palsu. Saya bertaubat kerana mencari petunjuk selain daripada suara-Mu. Bersihkan fikiran saya, jiwa saya, dan roh saya. Ajarlah aku berjalan dengan Roh-Mu sahaja. Saya menutup setiap pintu yang saya buka kepada ilmu ghaib, secara sedar atau tidak. Saya menyatakan bahawa Yesus adalah Gembala saya, dan saya hanya mendengar suara-Nya. Dalam nama Yesus yang perkasa, Amin.

HARI 6: PINTU MATA – MENUTUP PORTAL KEGELAPAN

"**M**ata adalah pelita tubuh, jika matamu sihat, teranglah seluruh tubuhmu."
— *Matius 6:22 (NIV)*

"Aku tidak akan menaruh perkara jahat di depan mataku..." — *Mazmur 101:3 (KJV)*

Dalam alam rohani, **mata anda adalah pintu.** Apa yang masuk melalui mata anda mempengaruhi jiwa anda - untuk kesucian atau pencemaran. Musuh tahu ini. Itulah sebabnya media, imej, pornografi, filem seram, simbol ghaib, trend fesyen dan kandungan menggoda telah menjadi medan pertempuran.

Perang untuk perhatian anda adalah perang untuk jiwa anda.

Perkara yang dianggap oleh ramai sebagai "hiburan yang tidak berbahaya" selalunya merupakan jemputan berkod — kepada nafsu, ketakutan, manipulasi, kesombongan, kesombongan, pemberontakan, atau malah keterikatan syaitan.

Gerbang Global Kegelapan Visual

- **Afrika** – Filem ritual, tema Nollywood menormalkan ilmu sihir dan poligami.
- **Asia** – Anime dan manga dengan portal rohani, roh menggoda, perjalanan astral.
- **Eropah** - Fesyen Gothic, filem seram, obsesi vampire, seni syaitan.
- **Amerika Latin** - Telenovela yang mengagungkan ilmu sihir, kutukan, dan membalas dendam.
- **Amerika Utara** – Media arus perdana, video muzik, pornografi, kartun syaitan "comel".

Apa yang anda lihat secara konsisten, anda menjadi tidak peka terhadapnya.

Cerita: "Kartun Yang Mengutuk Anak Saya"

Seorang ibu dari AS menyedari anaknya yang berusia 5 tahun mula menjerit pada waktu malam dan melukis imej yang mengganggu. Selepas berdoa, Roh Kudus menunjukkannya kepada kartun yang ditonton anaknya secara sembunyi - satu kartun yang penuh dengan mantera, roh bercakap, dan simbol yang dia tidak perasan.

Dia memadamkan rancangan itu dan mengurapi rumah dan skrinnya. Selepas beberapa malam berdoa tengah malam dan Mazmur 91, serangan itu berhenti, dan budak itu mula tidur dengan tenang. Dia kini mengetuai kumpulan sokongan membantu ibu bapa menjaga pintu penglihatan anak-anak mereka.

Pelan Tindakan – Membersihkan Gerbang Mata

1. Lakukan **audit media** : Apa yang anda tonton? Membaca? Menatal?
2. Batalkan langganan atau platform yang memberi makan daging anda dan bukannya kepercayaan anda.
3. Urapi mata dan tabirmu, nyatakan Mazmur 101:3.
4. Gantikan sampah dengan input yang saleh — dokumentari, ibadah, hiburan murni.
5. Istiharkan:

"Aku tidak akan meletakkan perkara yang keji di hadapan mataku. Penglihatanku adalah kepunyaan Allah."

Permohonan Kumpulan

- Cabaran: 7-Day Eye Gate Fast — tiada media toksik, tiada tatal terbiar.
- Kongsi: Apakah kandungan yang telah Roh Kudus suruh anda berhenti menonton?
- Senaman: Letakkan tangan pada mata anda dan tinggalkan sebarang kekotoran melalui penglihatan (cth, pornografi, seram, kesombongan).
- Aktiviti: Jemput ahli untuk memadamkan apl, membakar buku atau membuang item yang merosakkan penglihatan mereka.

Alat: Minyak zaitun, aplikasi akauntabiliti, penyelamat skrin kitab suci, kad doa pintu mata.

Wawasan Utama

Anda tidak boleh berjalan dengan kuasa atas syaitan jika anda dilayan oleh mereka.

Jurnal Refleksi

- Apa yang saya beri makan kepada mata saya yang mungkin memberi makan kegelapan dalam hidup saya?
- Bilakah kali terakhir saya menangisi apa yang mematahkan hati Tuhan?
- Adakah saya telah memberi Roh Kudus kawalan penuh ke atas masa skrin saya?

Doa Kesucian

Tuhan Yesus, saya memohon darah-Mu untuk membasuh mata saya. Maafkan saya atas perkara yang saya benarkan melalui skrin, buku dan imaginasi saya. Hari ini, saya menyatakan mata saya adalah untuk cahaya, bukan kegelapan. Saya menolak setiap imej, nafsu, dan pengaruh yang bukan dari-Mu. Sucikan jiwaku. Jaga pandangan saya. Dan biarkan saya melihat apa yang Engkau lihat - dalam kekudusan dan kebenaran. Amin.

HARI 7: KUASA DI SEBALIK NAMA — MENOLAK IDENTITI YANG TIDAK SUCI

"Dan Yabes berseru kepada Allah Israel, katanya: 'Oh, kiranya Engkau memberkati aku sungguh-sungguh...' maka Allah mengabulkan permintaannya itu."
— *1 Tawarikh 4:10*

"Engkau tidak akan dipanggil lagi Abram, melainkan Abraham..." — *Kejadian 17:5*

Nama bukan sekadar label — ia adalah pengisytiharan rohani. Dalam kitab suci, nama sering mencerminkan takdir, keperibadian, atau bahkan perhambaan. Menamakan sesuatu adalah memberi identiti dan hala tuju. Musuh memahami perkara ini — itulah sebabnya ramai orang tanpa sedar terperangkap di bawah nama yang diberikan dalam kejahilan, kesakitan, atau perhambaan rohani.

Sama seperti Tuhan menukar nama (Abram kepada Abraham, Yakub kepada Israel, Sarai kepada Sara), Dia masih mengubah takdir dengan menamakan semula umat-Nya.

Konteks Global Ikatan Nama

- **Afrika** – Kanak-kanak yang dinamakan sempena nenek moyang atau berhala yang telah mati ("Ogbanje," "Dike," " Ifunanya " terikat dengan makna).
- **Asia** - Nama penjelmaan semula yang terikat dengan kitaran karma atau dewa.
- **Eropah** – Nama yang berakar pada warisan pagan atau ilmu sihir (cth, Freya, Thor, Merlin).
- **Amerika Latin** – Nama yang dipengaruhi Santeria, terutamanya

melalui pembaptisan rohani.
- **Amerika Utara** – Nama yang diambil daripada budaya pop, gerakan pemberontakan atau dedikasi nenek moyang.

Nama penting — dan mereka boleh membawa kuasa, berkat, atau perhambaan.

Cerita: "Mengapa Saya Terpaksa Menamakan Semula Anak Perempuan Saya"

Dalam *Greater Exploits 14* , pasangan Nigeria menamakan anak perempuan mereka "Amaka," yang bermaksud "cantik," tetapi dia mengalami penyakit jarang yang membingungkan doktor. Semasa persidangan kenabian, ibu menerima wahyu: nama itu pernah digunakan oleh neneknya, seorang ahli sihir, yang rohnya kini menuntut kanak-kanak itu.

Mereka menukar namanya kepada " Oluwatamilore " (Tuhan telah memberkati saya), diikuti dengan puasa dan doa. Kanak-kanak itu pulih sepenuhnya.

Satu lagi kes dari India melibatkan seorang lelaki bernama "Karma," bergelut dengan kutukan generasi. Selepas melepaskan hubungan Hindu dan menukar namanya kepada "Jonathan," dia mula mengalami kejayaan dalam kewangan dan kesihatan.

Pelan Tindakan – Menyiasat Nama Anda

1. Selidik maksud penuh nama anda — pertama, tengah, nama keluarga.
2. Tanya ibu bapa atau orang tua mengapa anda diberi nama tersebut.
3. Tolak makna rohani yang negatif atau dedikasi dalam doa.
4. Nyatakan identiti ilahi anda dalam Kristus:

"Aku dipanggil dengan nama Tuhan. Nama baruku tertulis di syurga (Wahyu 2:17)."

PENGLIBATAN KUMPULAN

- Tanya ahli: Apakah maksud nama anda? Adakah anda mempunyai

impian yang melibatkannya?
- Lakukan "doa penamaan" — secara nubuatan mengisytiharkan identiti setiap orang.
- Letakkan tangan pada mereka yang perlu melepaskan diri dari nama yang terikat pada perjanjian atau perhambaan nenek moyang.

Alatan: Cetak kad makna nama, bawa minyak urapan, gunakan kitab suci perubahan nama.

Wawasan Utama

Anda tidak boleh berjalan dalam identiti sebenar anda semasa masih menjawab yang palsu.

Jurnal Refleksi

- Apakah maksud nama saya — dari segi rohani dan budaya?
- Adakah saya berasa selaras dengan nama saya atau bercanggah dengannya?
- Apakah nama yang syurga memanggil saya?

Doa Penamaan Semula

Bapa, dalam nama Yesus, saya berterima kasih kepada-Mu kerana memberi saya identiti baru dalam Kristus. Saya memecahkan setiap kutukan, perjanjian, atau ikatan syaitan yang berkaitan dengan nama saya. Aku meninggalkan setiap nama yang tidak selaras dengan kehendak-Mu. Saya menerima nama dan identiti yang diberikan syurga kepada saya — penuh dengan kuasa, tujuan, dan kesucian. Dalam nama Yesus, Amin.

HARI 8: MEMBUKA CAHAYA PALSU — PERANGKAP ZAMAN BARU DAN PENIPUAN MALAIKAT

"*Dan tidak hairanlah! Kerana Iblis sendiri mengubah dirinya menjadi malaikat terang.*" — 2 Korintus 11:14

"*Saudara-saudaraku yang kekasih, janganlah percaya kepada setiap roh, tetapi ujilah roh-roh itu, apakah mereka berasal dari Allah...*" — 1 Yohanes 4:1

Tidak semua yang bercahaya adalah Tuhan.

Dalam dunia hari ini, semakin ramai orang mencari "cahaya," "penyembuhan," dan "tenaga" di luar Firman Tuhan. Mereka beralih kepada meditasi, mezbah yoga, pengaktifan mata ketiga, pemanggilan nenek moyang, bacaan tarot, ritual bulan, penyaluran malaikat, dan juga mistisisme yang terdengar Kristian. Penipuan itu kuat kerana ia sering datang dengan kedamaian, keindahan, dan kuasa — pada mulanya.

Tetapi di sebalik pergerakan ini adalah roh peramal, ramalan palsu, dan dewa purba yang memakai topeng cahaya untuk mendapatkan akses yang sah kepada jiwa manusia.

Jangkauan Global Cahaya Palsu

- **Amerika Utara** – Kristal, pembersihan bijak, undang-undang tarikan, psikik, kod cahaya asing.
- **Eropah** - Paganisme yang dijenamakan semula, penyembahan dewi, sihir putih, perayaan rohani.
- **Amerika Latin** - Santeria dicampur dengan orang kudus Katolik, penyembuh spiritis (curanderos).
- **Afrika** - Pemalsuan kenabian menggunakan mezbah malaikat dan air ritual.
- **Asia** - Chakra, "pencerahan" yoga, kaunseling penjelmaan semula, roh

kuil.

Amalan ini mungkin menawarkan "cahaya" sementara tetapi ia menggelapkan jiwa dari semasa ke semasa.

Kesaksian: Pembebasan dari Cahaya Yang Menipu

Daripada *Greater Exploits 14* , Mercy (UK) telah menghadiri bengkel malaikat dan berlatih meditasi "Kristian" dengan kemenyan, kristal dan kad malaikat. Dia percaya dia sedang mengakses cahaya Tuhan, tetapi tidak lama kemudian mula mendengar suara semasa tidurnya dan berasa takut yang tidak dapat dijelaskan pada waktu malam.

Pembebasannya bermula apabila seseorang menghadiahkannya *The Jameses Exchange* , dan dia menyedari persamaan antara pengalamannya dan pengalaman bekas syaitan yang bercakap tentang penipuan malaikat. Dia bertaubat, memusnahkan semua objek ghaib, dan tunduk kepada doa pembebasan penuh.

Hari ini, dia bersaksi dengan berani menentang penipuan New Age di gereja dan telah membantu orang lain meninggalkan laluan yang sama.

Pelan Tindakan – Menguji Semangat

1. **Inventori amalan dan kepercayaan anda** — Adakah ia selaras dengan Kitab Suci atau sekadar berasa rohani?
2. **Tolak dan musnahkan** semua bahan cahaya palsu: kristal, manual yoga, kad malaikat, penangkap mimpi, dsb.
3. **Berdoalah Mazmur 119:105** — minta Tuhan menjadikan Firman-Nya sebagai satu-satunya cahaya anda.
4. **Isytiharkan perang terhadap kekeliruan** — ikat roh biasa dan wahyu palsu.

PERMOHONAN KUMPULAN

- **Bincangkan** : Adakah anda atau seseorang yang anda kenali telah ditarik ke dalam amalan "rohani" yang tidak berpusat pada Yesus?
- **Kecerdasan Main Peranan** : Baca petikan kata-kata "rohani" (cth,

"Percayai alam semesta") dan bezakannya dengan Kitab Suci.
- **Sesi Pengurapan & Pembebasan** : Pecahkan mezbah kepada cahaya palsu dan gantikan dengan perjanjian kepada *Terang Dunia* (Yohanes 8:12).

Alatan Kementerian :

- Bawa item Zaman Baharu sebenar (atau fotonya) untuk pengajaran objek.
- Persembahkan doa pembebasan terhadap roh yang dikenali (lihat Kisah 16:16–18).

Wawasan Utama

Senjata Syaitan yang paling berbahaya bukanlah kegelapan — ia adalah cahaya palsu.

Jurnal Refleksi

- Adakah saya telah membuka pintu rohani melalui ajaran "cahaya" yang tidak berakar dalam Kitab Suci?
- Adakah saya percaya kepada Roh Kudus atau pada intuisi dan tenaga?
- Adakah saya sanggup menyerahkan segala bentuk kerohanian palsu untuk kebenaran Tuhan?

DOA PENGAMPUNAN

Bapa , saya bertaubat untuk setiap cara saya berhibur atau terlibat dengan cahaya palsu. Saya meninggalkan semua bentuk Zaman Baru, ilmu sihir, dan kerohanian yang menipu. Saya memutuskan setiap ikatan jiwa dengan penipu malaikat, pemandu roh, dan wahyu palsu. Saya menerima Yesus, Terang dunia yang sebenar. Saya mengisytiharkan bahawa saya tidak akan mengikuti suara melainkan suara-Mu, dalam nama Yesus. Amin.

HARI 9: ALTAR DARAH — PERJANJIAN YANG MENUNTUT KEHIDUPAN

"*Dan mereka mendirikan bukit-bukit pengorbanan Baal ... untuk menyebabkan anak-anak lelaki dan perempuan mereka melewati api kepada Molokh.*" — Yeremia 32:35

"*Dan mereka mengalahkan dia oleh darah Anak Domba dan oleh perkataan kesaksian mereka...*" — Wahyu 12:11

Terdapat mezbah yang bukan sahaja meminta perhatian anda - mereka menuntut darah anda.

Sejak zaman dahulu hingga kini, perjanjian darah telah menjadi amalan teras kerajaan kegelapan. Ada yang terlibat secara sedar melalui sihir, pengguguran, pembunuhan ritual, atau permulaan ilmu ghaib. Yang lain diwarisi melalui amalan nenek moyang atau tanpa disedari bergabung melalui kejahilan rohani.

Di mana sahaja darah yang tidak bersalah ditumpahkan — sama ada di kuil, bilik tidur, atau bilik mesyuarat — mazbah syaitan bercakap.

Mezbah-mezbah ini menuntut nyawa, memendekkan takdir, dan mewujudkan asas undang-undang untuk penderitaan syaitan.

Altar Darah Global

- **Afrika** - Pembunuhan ritual, ritual wang, pengorbanan kanak-kanak, perjanjian darah semasa lahir.
- **Asia** – Persembahan darah kuil, sumpahan keluarga melalui pengguguran atau sumpah perang.
- **Amerika Latin** - Pengorbanan haiwan Santeria, persembahan darah kepada roh orang mati.
- **Amerika Utara** - Ideologi pengguguran sebagai sakramen, persaudaraan sumpah darah syaitan.

- **Eropah** – Upacara Druid dan Freemason Purba, mezbah pertumpahan darah era WW masih belum bertaubat.

Perjanjian ini, melainkan dilanggar, terus meragut nyawa, selalunya dalam kitaran.

Kisah Benar: Pengorbanan Seorang Ayah

Dalam *Delivered from the Power of Darkness*, seorang wanita dari Afrika Tengah mendapati semasa sesi pembebasan bahawa kerap berus kematiannya dikaitkan dengan sumpah darah yang telah dibuat oleh bapanya. Dia telah menjanjikan hidupnya sebagai pertukaran untuk kekayaan selepas bertahun-tahun tidak subur.

Selepas bapanya meninggal dunia, dia mula melihat bayang-bayang dan mengalami kemalangan hampir maut setiap tahun pada hari lahirnya. Kejayaannya datang apabila dia dipimpin untuk mengisytiharkan Mazmur 118:17 — *"Aku tidak akan mati, tetapi hidup..."* — atas dirinya setiap hari, diikuti dengan beberapa siri doa pelepasan dan puasa. Hari ini, dia mengetuai kementerian syafaat yang berkuasa.

Satu lagi akaun dari *Greater Exploits 14* menerangkan seorang lelaki di Amerika Latin yang mengambil bahagian dalam permulaan kumpulan yang melibatkan pertumpahan darah. Bertahun-tahun kemudian, walaupun selepas menerima Kristus, hidupnya sentiasa bergolak — sehingga dia melanggar perjanjian darah melalui puasa yang berpanjangan, pengakuan awam, dan pembaptisan air. azab itu berhenti.

Pelan Tindakan – Mendiamkan Altar Darah

1. **Bertaubat** untuk sebarang pengguguran, pakatan darah ghaib, atau pertumpahan darah yang diwarisi.
2. **Menolak** semua perjanjian darah yang diketahui dan tidak diketahui dengan kuat dengan nama.
3. **Puasa selama 3 hari** dengan perjamuan diambil setiap hari, mengisytiharkan darah Yesus sebagai perlindungan sah anda.
4. **Nyatakan dengan kuat** :

"Dengan darah Yesus, saya melanggar setiap perjanjian darah yang dibuat bagi pihak saya. Saya telah ditebus!"

PERMOHONAN KUMPULAN

- Bincangkan perbezaan antara pertalian darah semulajadi dan perjanjian darah iblis.
- Gunakan reben/benang merah untuk mewakili altar darah, dan gunting untuk memotongnya secara nubuatan.
- Jemput kesaksian daripada seseorang yang telah membebaskan diri daripada perhambaan yang berkaitan dengan darah.

Alatan Kementerian :

- Unsur persekutuan
- Minyak urapan
- Pengisytiharan pelepasan
- Visual pemecah mezbah cahaya lilin jika boleh

Wawasan Utama

Syaitan berdagang darah. Yesus membayar lebih untuk kebebasan anda dengan Dia.

Jurnal Refleksi

- Adakah saya atau keluarga saya mengambil bahagian dalam apa-apa yang melibatkan pertumpahan darah atau sumpah?
- Adakah terdapat kematian berulang, keguguran atau corak ganas dalam keturunan saya?
- Adakah saya telah mempercayai sepenuhnya darah Yesus untuk bercakap lebih kuat sepanjang hidup saya?

Doa Pembebasan

Tuhan Yesus , saya berterima kasih kepada-Mu atas darah-Mu yang berharga yang berbicara lebih baik daripada darah Habel. Saya bertaubat untuk sebarang perjanjian darah yang saya atau nenek moyang saya buat, secara sedar atau tidak. Saya meninggalkan mereka sekarang. Saya mengisytiharkan bahawa saya diliputi oleh darah Anak Domba. Biarkan setiap mezbah syaitan yang menuntut hidup saya didiamkan dan dihancurkan. Saya hidup kerana Engkau mati untuk saya. Dalam nama Yesus, Amin.

HARI 10: MANDUL & PECAH — APABILA RAHIM MENJADI MEDAN PERANG

"*Tidak seorang pun akan keguguran atau mandul di negerimu; Aku akan memenuhi jumlah harimu.*" — Keluaran 23:26

"*Dia memberikan keluarga kepada wanita yang tidak mempunyai anak, menjadikannya ibu yang bahagia. Pujilah Tuhan!*" — Mazmur 113:9

Kemandulan adalah lebih daripada isu perubatan. Ia boleh menjadi kubu kuat rohani yang berakar umbi dalam pertempuran emosi, nenek moyang, dan juga wilayah yang mendalam.

Di seluruh negara, kemandulan digunakan oleh musuh untuk memalukan, mengasingkan, dan memusnahkan wanita dan keluarga. Walaupun beberapa punca adalah fisiologi, banyak yang sangat rohani - terikat dengan altar generasi, kutukan, pasangan roh, takdir yang digugurkan, atau luka jiwa.

Di sebalik setiap rahim yang tidak berbuah, syurga ada janji. Tetapi selalunya terdapat peperangan yang mesti dilakukan sebelum pembuahan - dalam rahim dan dalam roh.

Corak Global Kemandulan

- **Afrika** – Dikaitkan dengan poligami, sumpahan nenek moyang, pakatan kuil, dan anak roh.
- **Asia** - Kepercayaan karma, sumpah kehidupan lampau, kutukan generasi, budaya malu.
- **Amerika Latin** - Penutupan rahim akibat sihir, jampi iri hati.
- **Eropah** – Pergantungan berlebihan IVF, pengorbanan kanak-kanak Freemasonry, rasa bersalah pengguguran.
- **Amerika Utara** - Trauma emosi, luka jiwa, kitaran keguguran, ubat-ubatan yang mengubah hormon.

KISAH NYATA – DARIPADA Air Mata kepada Testimoni
Maria dari Bolivia (Amerika Latin)

Maria telah mengalami 5 kali keguguran. Setiap kali, dia akan bermimpi menggendong bayi yang menangis dan kemudian melihat darah keesokan harinya. Doktor tidak dapat menjelaskan keadaannya. Selepas membaca kesaksian dalam *Greater Exploits* , dia menyedari bahawa dia telah mewarisi mezbah keluarga mandul daripada seorang nenek yang telah mendedikasikan semua rahim wanita kepada dewa tempatan.

Dia berpuasa dan mengisytiharkan Mazmur 113 selama 14 hari. Pendetanya memimpinnya melanggar perjanjian dengan menggunakan persekutuan. Sembilan bulan kemudian, dia melahirkan anak kembar.

Ngozi dari Nigeria (Afrika)

Ngozi telah berkahwin selama 10 tahun tanpa anak. Semasa doa pembebasan, ia mendedahkan bahawa dia telah berkahwin di alam roh dengan seorang suami marin. Setiap kitaran ovulasi, dia akan mengalami mimpi seksual. Selepas beberapa siri doa perang tengah malam, dan tindakan kenabian membakar cincin perkahwinannya dari permulaan ghaib yang lalu, rahimnya terbuka.

Pelan Tindakan – Membuka Rahim

1. **Kenal pasti punca** - nenek moyang, emosi, perkahwinan, atau perubatan.
2. **Bertaubat dari penggguran masa lalu** , ikatan jiwa, dosa seksual, dan dedikasi ghaib.
3. **Urapilah rahimmu setiap hari** sambil menyatakan Keluaran 23:26 dan Mazmur 113.
4. **Puasalah selama 3 hari** , dan ambil perjamuan setiap hari, menolak semua mezbah yang terikat pada rahim anda.
5. **Bercakap dengan kuat** :

Rahim saya diberkati. Aku menolak setiap perjanjian kemandulan. Saya akan mengandung dan membawa kepada tempoh penuh dengan kuasa Roh Kudus!

Permohonan Kumpulan

- Jemput wanita (dan pasangan) untuk berkongsi beban kelewatan dalam ruang yang selamat dan penuh doa.
- Gunakan selendang merah atau kain yang diikat di pinggang — kemudian dibuka secara nubuatan sebagai tanda kebebasan.
- Pimpin upacara "penamaan" kenabian — isytiharkan anak-anak yang belum dilahirkan oleh iman.
- Hentikan kata-kata kutukan, keaiban budaya, dan kebencian diri dalam kalangan doa.

Alatan Kementerian:

- Minyak zaitun (urap rahim)
- Perjamuan
- Mantel/selendang (melambangkan penutup dan kebaruan)

Wawasan Utama

Kemandulan bukanlah akhir - ia adalah panggilan untuk berperang, kepada iman, dan pemulihan. Kelewatan Allah bukan penafian.

Jurnal Refleksi

- Apakah luka emosi atau rohani yang terikat pada rahim saya?
- Adakah saya telah membiarkan rasa malu atau kepahitan menggantikan harapan saya?
- Adakah saya bersedia untuk menghadapi punca utama dengan iman dan tindakan?

Doa Kesembuhan & Kehamilan

Bapa , saya berpegang pada Firman-Mu yang mengatakan tidak akan ada yang mandul di negeri ini. Saya menolak setiap kebohongan, mezbah, dan semangat yang ditugaskan untuk menghalang kesuburan saya. Saya memaafkan diri saya dan orang lain yang telah bercakap jahat ke atas tubuh saya. Saya menerima penyembuhan, pemulihan, dan kehidupan. Aku menyatakan kandunganku berbuah, dan kegembiraanku penuh. Dalam nama Yesus. Amin.

HARI 11: GANGGUAN AUTOIMUN & PENAT KRONIK — PERANG GHAIB DALAM

"*Rumah yang berpecah-belah tidak akan bertahan.*" — Matius 12:25
"*Dia memberi kekuatan kepada yang lemah, dan kepada yang tidak berdaya Dia menambah kekuatan.*" — Yesaya 40:29

Penyakit autoimun adalah di mana badan menyerang dirinya sendiri - menganggap selnya sendiri sebagai musuh. Lupus, rheumatoid arthritis, multiple sclerosis, Hashimoto, dan lain-lain termasuk dalam kumpulan ini.

Sindrom keletihan kronik (CFS), fibromyalgia, dan gangguan keletihan lain yang tidak dapat dijelaskan sering bertindih dengan perjuangan autoimun. Tetapi di luar biologi, ramai yang menderita membawa trauma emosi, luka jiwa, dan beban rohani.

Tubuh menangis - bukan hanya untuk ubat, tetapi untuk keamanan. Ramai yang berperang di dalam.

Sekilas Global

- **Afrika** – Meningkatkan diagnosis autoimun yang dikaitkan dengan trauma, pencemaran dan tekanan.
- **Asia** – Kadar gangguan tiroid yang tinggi dikaitkan dengan penindasan nenek moyang dan budaya malu.
- **Eropah & Amerika** – Wabak keletihan kronik dan keletihan akibat budaya dipacu prestasi.
- **Amerika Latin** - Pesakit sering salah didiagnosis; stigma dan serangan rohani melalui pemecahan jiwa atau kutukan.

Akar Rohani Tersembunyi

- **Kebencian atau rasa malu kepada diri sendiri** — berasa "tidak cukup baik".
- **Tidak memaafkan diri sendiri atau orang lain** — sistem imun meniru keadaan rohani.
- **Kesedihan atau pengkhianatan yang tidak diproses** — membuka pintu kepada keletihan jiwa dan kerosakan fizikal.
- **Penderitaan sihir atau anak panah cemburu** — digunakan untuk menguras kekuatan rohani dan fizikal.

Kisah Benar – Pertempuran Bertempur dalam Gelap
Elena dari Sepanyol

Elena disahkan menghidap lupus selepas perhubungan yang lama mendera yang menyebabkan emosinya hancur. Dalam terapi dan doa, ia mendedahkan bahawa dia telah membenci kebencian, percaya dia tidak berharga. Apabila dia mula memaafkan dirinya sendiri dan menghadapi luka jiwa dengan Kitab Suci, kegelisahannya berkurangan secara drastik. Dia bersaksi tentang kuasa penyembuhan Firman dan pembersihan jiwa.

James dari AS

James, seorang eksekutif korporat yang didorong, runtuh daripada CFS selepas 20 tahun tekanan tanpa henti. Semasa pembebasan, telah didedahkan bahawa kutukan generasi berusaha tanpa rehat melanda lelaki dalam keluarganya. Dia memasuki musim sabat, doa, dan pengakuan, dan mendapati pemulihan bukan sahaja kesihatan, tetapi identiti.

Pelan Tindakan – Menyembuhkan Jiwa dan Sistem Imun

1. **Berdoalah Mazmur 103:1–5** dengan kuat setiap pagi — terutamanya v.3-5.
2. **Senaraikan kepercayaan dalaman anda** - apa yang anda katakan kepada diri sendiri? Pecah pembohongan.
3. **Maafkan sedalam-dalamnya** — terutamanya diri sendiri.
4. **Ambil persekutuan** untuk menetapkan semula perjanjian badan — lihat Yesaya 53.
5. **Beristirahat dalam Tuhan** — Sabat bukan pilihan, ia adalah peperangan rohani melawan keletihan.

Saya mengisytiharkan badan saya bukan musuh saya. Setiap sel dalam diri saya akan selaras dengan ketertiban dan kedamaian ilahi. Saya mendapat kekuatan dan kesembuhan Tuhan.

Permohonan Kumpulan

- Minta ahli berkongsi corak keletihan atau keletihan emosi yang mereka sembunyikan.
- Lakukan senaman "soul dump" — tuliskan beban, kemudian bakar atau kuburkannya secara simbolik.
- Letakkan tangan pada mereka yang mengalami gejala autoimun; memerintahkan keseimbangan dan keamanan.
- Galakkan jurnal 7 hari tentang pencetus emosi dan penyembuhan Kitab Suci.

Alatan Kementerian:

- Minyak pati atau sapuan wangi untuk penyegaran
- Jurnal atau pad nota
- runut bunyi meditasi Mazmur 23

Wawasan Utama

Apa yang menyerang jiwa sering menjelma dalam badan. Penyembuhan mesti mengalir dari dalam ke luar.

Jurnal Refleksi

- Adakah saya berasa selamat dalam badan dan fikiran saya sendiri?
- Adakah saya menyimpan rasa malu atau dipersalahkan daripada kegagalan atau trauma masa lalu?
- Apakah yang boleh saya lakukan untuk mula menghormati rehat dan kedamaian sebagai amalan rohani?

Doa Pemulihan

Tuhan Yesus, Engkaulah Penyembuhku. Hari ini saya menolak setiap pembohongan bahawa saya rosak, kotor, atau ditakdirkan. Saya memaafkan diri saya dan orang lain. Saya memberkati setiap sel dalam badan saya. Saya menerima ketenangan dalam jiwa saya dan penjajaran dalam sistem imun saya. Dengan bilur-Mu, aku sembuh. Amin.

HARI 12: EPILEPSI & SEKANAN MENTAL — APABILA MINDA MENJADI PERANG

"*Tuhan, kasihanilah anakku, sebab ia gila dan sangat gelisah, sebab sering kali ia jatuh ke dalam api dan sering ke dalam air.*" — Matius 17:15
"*Tuhan tidak memberikan kepada kita roh ketakutan, melainkan roh yang membangkitkan kekuatan, kasih dan ketertiban.*" — 2 Timotius 1:7

Sesetengah penderitaan bukan hanya perubatan - ia adalah medan pertempuran rohani yang menyamar sebagai penyakit.

Epilepsi, sawan, skizofrenia, episod bipolar, dan corak siksaan dalam minda selalunya mempunyai akar yang tidak kelihatan. Walaupun ubat mempunyai tempat, kebijaksanaan adalah kritikal. Dalam banyak kisah alkitabiah, sawan dan serangan mental adalah akibat daripada penindasan syaitan.

Masyarakat moden mengubati apa yang sering *dibuang oleh Yesus* .

Realiti Global

- **Afrika** – Kejang yang sering dikaitkan dengan kutukan atau roh nenek moyang.
- **Asia** – Epilepsi sering disembunyikan kerana malu dan stigma rohani.
- **Amerika Latin** - Skizofrenia dikaitkan dengan sihir generasi atau panggilan yang digugurkan.
- **Eropah & Amerika Utara** – Overdiagnosis dan ubat berlebihan selalunya menutupi punca syaitan.

Kisah Nyata – Pembebasan dalam Api
Musa dari Nigeria Utara
Musa mengalami sawan epilepsi sejak kecil. Keluarganya mencuba segala-galanya — daripada doktor asli hinggalah ke doa gereja. Suatu hari, semasa perkhidmatan penyelamatan, Roh mendedahkan bahawa datuk Musa telah menawarkan dia dalam pertukaran sihir. Selepas melanggar perjanjian dan mengurapinya, dia tidak pernah mengalami sawan lagi.

Daniel dari Peru
Didiagnos dengan gangguan bipolar, Daniel bergelut dengan mimpi dan suara yang ganas. Dia kemudiannya mendapati bapanya telah terlibat dalam ritual syaitan rahsia di pergunungan. Doa penyelamat dan puasa tiga hari membawa kejelasan. Suara-suara itu berhenti. Hari ini, Daniel tenang, dipulihkan, dan bersedia untuk pelayanan.

Tanda-tanda untuk Diperhatikan

- Episod sawan berulang tanpa sebab neurologi yang diketahui.
- Suara, halusinasi, pemikiran ganas atau bunuh diri.
- Kehilangan masa atau ingatan, ketakutan yang tidak dapat dijelaskan, atau keadaan fizikal semasa solat.
- Corak keluarga yang gila atau bunuh diri.

Pelan Tindakan – Mengambil Kuasa Ke Atas Minda

1. **Bertaubat dari semua ikatan ghaib, trauma, atau kutukan yang diketahui.**
2. **Letakkan tangan di atas kepala setiap hari, menyatakan fikiran yang waras (2 Timotius 1:7).**
3. **Berpuasa dan berdoa ke atas roh yang mengikat fikiran.**
4. **Melanggar sumpah nenek moyang, dedikasi, atau sumpahan keturunan.**
5. **Jika boleh, sertai rakan doa yang kuat atau pasukan penyelamat.**

Saya menolak setiap roh siksaan, sawan, dan kekeliruan. Saya menerima fikiran yang sihat dan emosi yang stabil dalam nama Yesus!
Kementerian & Permohonan Kumpulan

- Kenal pasti corak keluarga penyakit mental atau sawan.
- Berdoa untuk mereka yang menderita — gunakan minyak urapan di dahi.
- Mintalah pendoa syafaat berjalan di sekeliling bilik dengan mengisytiharkan "Damai, diam!" (Markus 4:39)
- Jemput mereka yang terjejas untuk melanggar perjanjian lisan: "Saya tidak gila. Saya sembuh dan sihat."

Alatan Kementerian:

- Minyak urapan
- Kad pengisytiharan penyembuhan
- Sembah muzik yang menyampaikan keamanan dan identiti

Wawasan Utama

Tidak semua penderitaan hanya fizikal. Ada yang berakar umbi dalam perjanjian kuno dan alasan undang-undang setan yang mesti ditangani secara rohani.

Jurnal Refleksi

- Adakah saya pernah diseksa dalam fikiran atau tidur saya?
- Adakah terdapat trauma yang tidak sembuh atau pintu rohani yang perlu saya tutup?
- Apakah kebenaran yang boleh saya nyatakan setiap hari untuk menambat fikiran saya dalam Firman Tuhan?

Doa Kebaikan

Tuhan Yesus, Engkaulah Pemulih fikiranku. Saya meninggalkan setiap perjanjian, trauma, atau roh iblis yang menyerang otak, emosi dan kejelasan saya. Saya menerima penyembuhan dan fikiran yang sihat. Aku menetapkan Aku akan hidup, dan tidak mati. Saya akan berfungsi dengan kekuatan penuh, dalam nama Yesus. Amin.

HARI 13: SEMANGAT TAKUT — MEROSAKKAN SARUNG AZAB GHAIB

"*Sebab Allah tidak memberikan kepada kita roh ketakutan, melainkan roh yang membangkitkan kekuatan, kasih dan ketertiban.*" — 2 Timotius 1:7
"*Ketakutan ada siksaan...*" — 1 Yohanes 4:18

Ketakutan bukan sekadar emosi — ia boleh menjadi *semangat*.

Ia membisikkan kegagalan sebelum anda bermula. Ia membesarkan penolakan. Ia melumpuhkan tujuan. Ia melumpuhkan negara.

Ramai yang berada dalam penjara yang tidak kelihatan yang dibina oleh ketakutan: ketakutan akan kematian, kegagalan, kemiskinan, orang, penyakit, peperangan rohani, dan yang tidak diketahui.

Di sebalik banyak serangan kecemasan, gangguan panik, dan fobia yang tidak rasional terletak tugasan rohani yang dihantar untuk **meneutralkan takdir**.

Manifestasi Global

- **Afrika** – Ketakutan berakar pada kutukan generasi, pembalasan nenek moyang, atau tindak balas sihir.
- **Asia** – Malu budaya, ketakutan karma, kebimbangan penjelmaan semula.
- **Amerika Latin** – Takut kepada kutukan, legenda kampung, dan pembalasan rohani.
- **Eropah & Amerika Utara** – Kerisauan tersembunyi, gangguan yang didiagnosis, ketakutan terhadap konfrontasi, kejayaan atau penolakan — selalunya rohani tetapi dilabel psikologi.

Kisah Nyata – Membongkar Semangat
Sarah dari Kanada

Selama bertahun-tahun, Sarah tidak dapat tidur dalam kegelapan. Dia sentiasa merasakan kehadiran di dalam bilik itu. Doktor mendiagnosisnya sebagai kebimbangan, tetapi tiada rawatan yang berkesan. Semasa sesi pembebasan dalam talian, ia telah mendedahkan bahawa ketakutan zaman kanak-kanak membuka pintu kepada semangat yang menyeksa melalui mimpi ngeri dan filem seram. Dia bertaubat, meninggalkan ketakutan, dan memerintahkannya untuk pergi. Dia kini tidur dengan tenang.

Uche dari Nigeria

Uche dipanggil untuk berdakwah tetapi setiap kali dia berdiri di hadapan orang ramai, dia terkaku. Ketakutan itu tidak wajar - tercekik, lumpuh. Dalam doa, Tuhan menunjukkan kepadanya perkataan kutukan yang diucapkan oleh seorang guru yang mengejek suaranya semasa kecil. Perkataan itu membentuk rantaian rohani. Setelah patah, dia mula berdakwah dengan berani.

Pelan Tindakan – Mengatasi Ketakutan

1. **Mengaku apa-apa ketakutan dengan nama** : "Saya meninggalkan ketakutan [_____] dalam nama Yesus."
2. **Baca dengan kuat Mazmur 27 dan Yesaya 41 setiap hari.**
3. **Sembahlah sehingga ketenangan menggantikan panik.**
4. **Cepat dari media berasaskan ketakutan — filem seram, berita, gosip.**
5. **Istiharkan setiap hari** : "Saya mempunyai fikiran yang waras. Saya bukan hamba kepada ketakutan."

Aplikasi Kumpulan – Terobosan Komuniti

- Tanya ahli kumpulan: Apakah ketakutan yang paling melumpuhkan anda?
- Pecah ke dalam kumpulan kecil dan pimpin doa **pelepasan** dan **penggantian** (cth, ketakutan → keberanian, kebimbangan → keyakinan).
- Minta setiap orang menulis ketakutan dan membakarnya sebagai tindakan kenabian.
- Gunakan *minyak urapan* dan *pengakuan kitab suci* antara satu sama lain.

Alatan Kementerian:

- Minyak urapan
- Kad pengisytiharan kitab suci
- Lagu penyembahan: "No Longer Slaves" oleh Bethel

Wawasan Utama
Ketakutan yang diterima adalah **iman yang tercemar**.
Anda tidak boleh berani dan takut pada masa yang sama - pilih berani.

Jurnal Refleksi

- Ketakutan apakah yang tinggal bersama saya sejak kecil?
- Bagaimanakah ketakutan mempengaruhi keputusan, kesihatan atau perhubungan saya?
- Apakah yang akan saya lakukan secara berbeza jika saya bebas sepenuhnya?

Doa Kebebasan dari Ketakutan

Bapa, saya meninggalkan semangat ketakutan. Saya menutup setiap pintu melalui trauma, kata-kata, atau dosa yang memberikan akses ketakutan. Saya menerima Roh kuasa, kasih sayang, dan fikiran yang waras. Saya mengisytiharkan keberanian, keamanan, dan kemenangan dalam nama Yesus. Ketakutan tidak mempunyai tempat lagi dalam hidup saya. Amin.

HARI 14: TANDA SYAITAN — MENGHAPUSKAN JENAMA TIDAK SUCI

"*Mulai sekarang jangan ada orang yang menyusahkan aku, sebab dalam tubuhku aku menanggung tanda-tanda Tuhan Yesus.*" — Galatia 6:17
"*Mereka akan menaruh nama-Ku kepada orang Israel, dan Aku akan memberkati mereka.*" — Bilangan 6:27

Banyak takdir *ditandakan secara senyap* di alam rohani - bukan oleh Tuhan, tetapi oleh musuh.

Tanda-tanda syaitan ini mungkin datang dalam bentuk tanda badan yang aneh, mimpi tatu atau penjenamaan, penderaan traumatik, ritual darah, atau mezbah yang diwarisi. Ada yang tidak kelihatan — hanya dapat dilihat melalui kepekaan rohani — manakala yang lain muncul sebagai tanda fizikal, tatu syaitan, penjenamaan rohani atau kelemahan yang berterusan.

Apabila seseorang ditandakan oleh musuh, mereka mungkin mengalami:

- Penolakan dan kebencian yang berterusan tanpa sebab.
- Serangan rohani berulang dan sekatan.
- Kematian pramatang atau krisis kesihatan pada usia tertentu.
- Dijejaki dalam semangat — sentiasa kelihatan kepada kegelapan.

Tanda ini beroperasi sebagai *tanda yang sah*, memberikan roh gelap kebenaran untuk menyeksa, menangguhkan atau memantau.

Tetapi darah Yesus **membersihkan** dan **menjenamakan semula**.

Ungkapan Global

- **Afrika** - Tanda puak, pemotongan ritual, parut permulaan ghaib.
- **Asia** - Meterai rohani, simbol nenek moyang, tanda karma.

- **Amerika Latin** - Tanda permulaan Brujeria (sihir), tanda lahir yang digunakan dalam ritual.
- **Eropah** – Lambang Freemasonry, tatu yang menggunakan panduan semangat.
- **Amerika Utara** – Simbol zaman baharu, tatu penderaan ritual, penjenamaan syaitan melalui perjanjian ghaib.

Kisah Nyata – Kuasa Penjenamaan Semula
David dari Uganda
Daud sentiasa menghadapi penolakan. Tiada siapa yang dapat menjelaskan mengapa, walaupun bakatnya. Dalam doa, seorang nabi melihat "X rohani" di dahinya - tanda dari ritual zaman kanak-kanak yang dilakukan oleh seorang imam kampung. Semasa pembebasan, tanda itu dipadamkan secara rohani melalui minyak urapan dan perisytiharan darah Yesus. Kehidupannya berubah dalam beberapa minggu — dia berkahwin, mendapat pekerjaan, dan menjadi pemimpin belia.

Sandra dari Brazil
Sandra mempunyai tatu naga daripada pemberontakan remajanya. Selepas menyerahkan hidupnya kepada Kristus, dia melihat serangan rohani yang hebat setiap kali dia berpuasa atau berdoa. Paderinya melihat tatu itu adalah simbol iblis yang dikaitkan dengan roh pemantauan. Selepas sesi taubat, doa, dan penyembuhan batin, dia telah mengeluarkan tatu itu dan memutuskan ikatan jiwa. Mimpi ngerinya berhenti serta-merta.

Pelan Tindakan – Padam Tanda

1. **Mintalah Roh Kudus** untuk mendedahkan sebarang tanda rohani atau fizikal dalam hidup anda.
2. **Bertaubat** untuk sebarang penglibatan peribadi atau warisan dalam ritual yang membenarkan mereka.
3. **Sapukan darah Yesus** ke atas badan anda - dahi, tangan, kaki.
4. **Putuskan semangat pemantauan, ikatan jiwa, dan hak undang-undang** yang terikat pada tanda (lihat tulisan suci di bawah).
5. **Keluarkan tatu fizikal atau item** (seperti yang dipimpin) yang dikaitkan dengan perjanjian gelap.

Aplikasi Kumpulan – Penjenamaan semula dalam Kristus

- Tanya ahli kumpulan: Pernahkah anda mempunyai tanda atau impian untuk dijenamakan?
- Pimpin doa **pembersihan dan dedikasi semula** kepada Kristus.
- Lumuri dahi dengan minyak dan nyatakan: *"Sekarang kamu menyandang tanda Tuhan Yesus Kristus."*
- Putuskan semangat pemantauan dan sambung semula identiti mereka dalam Kristus.

Alatan Kementerian:

- Minyak zaitun (diberkati untuk urapan)
- Cermin atau kain putih (tindakan mencuci simbolik)
- Komuni (meterai identiti baru

Wawasan Utama

Apa yang ditanda dalam semangat **dilihat dalam semangat** — keluarkan apa yang digunakan musuh untuk menandakan anda.

Jurnal Refleksi

- Pernahkah saya melihat tanda pelik, lebam atau simbol pada badan saya tanpa penjelasan?
- Adakah terdapat objek, tindakan atau tatu yang perlu saya tinggalkan atau buang?
- Adakah saya telah mendedikasikan semula badan saya sepenuhnya sebagai bait Roh Kudus?

Doa Penjenamaan Semula

Tuhan Yesus, saya meninggalkan setiap tanda, perjanjian, dan dedikasi yang dibuat dalam tubuh atau roh saya di luar kehendak-Mu. Dengan darah-Mu, saya menghapuskan setiap jenama syaitan. Saya mengisytiharkan bahawa saya ditanda untuk Kristus sahaja. Biarkan meterai pemilikan-Mu ada pada saya, dan biarkan setiap roh pemantau kehilangan jejak saya sekarang.

Saya tidak lagi kelihatan kepada kegelapan. Saya berjalan bebas - dalam nama Yesus, Amin.

HARI 15: ALAM CERMIN — MELARI DARI PENJARA REFLEKSI

"*Sebab sekarang kita melihat dalam kaca, dalam gelap, tetapi kemudian berhadapan muka...*" — 1 Korintus 13:12

"*Mereka mempunyai mata, tetapi tidak dapat melihat, mempunyai telinga, tetapi tidak dapat mendengar...*" — Mazmur 115:5–6

Terdapat **alam cermin** di dunia roh — tempat *identiti palsu*, manipulasi rohani dan pantulan gelap. Apa yang dilihat ramai dalam mimpi atau penglihatan mungkin cermin bukan dari Tuhan, tetapi alat penipuan dari kerajaan gelap.

Dalam ilmu ghaib, cermin digunakan untuk **memerangkap jiwa**, **memantau kehidupan**, atau **memindahkan personaliti**. Dalam beberapa sesi pembebasan, orang melaporkan melihat diri mereka "tinggal" di tempat lain — di dalam cermin, pada skrin atau di sebalik tabir rohani. Ini bukan halusinasi. Mereka selalunya penjara syaitan yang direka untuk:

- Pecahkan jiwa
- Melambatkan takdir
- Mengelirukan identiti
- Anjurkan garis masa rohani alternatif

Matlamatnya? Untuk mencipta *versi palsu* anda yang hidup di bawah kawalan syaitan manakala diri anda yang sebenar hidup dalam kekeliruan atau kekalahan.

Ungkapan Global

- **Afrika** - Cermin sihir yang digunakan oleh ahli sihir untuk memantau, memerangkap, atau menyerang.

- **Asia** – Bomoh menggunakan mangkuk air atau batu yang digilap untuk "melihat" dan memanggil roh.
- **Eropah** - Ritual cermin hitam, necromancy melalui pantulan.
- **Amerika Latin** – Menyorot cermin obsidian dalam tradisi Aztec.
- **Amerika Utara** – Portal cermin zaman baharu, cermin mata untuk perjalanan astral.

Testimoni — "Gadis di Cermin"
Maria dari Filipina

Maria bermimpi terperangkap di dalam bilik yang penuh dengan cermin. Setiap kali dia membuat kemajuan dalam hidup, dia akan melihat versi dirinya di cermin menariknya ke belakang. Suatu malam semasa pembebasan, dia menjerit dan menggambarkan melihat dirinya "keluar dari cermin" menuju kebebasan. Paderinya mengurapi matanya dan memimpinnya untuk menolak manipulasi cermin. Sejak itu, kejernihan mental, perniagaan dan kehidupan keluarganya telah berubah.

David dari Scotland

David, pernah dalam meditasi zaman baharu, mengamalkan "kerja bayangan cermin." Lama kelamaan, dia mula mendengar suara dan melihat dirinya melakukan perkara yang tidak pernah dia maksudkan. Selepas menerima Kristus, seorang pendeta pembebasan memutuskan ikatan jiwa cermin dan berdoa atas fikirannya. David melaporkan perasaan seperti "kabus terangkat" buat kali pertama dalam beberapa tahun.

Pelan Tindakan – Pecahkan Mantra Cermin

1. **Tolak** semua penglibatan yang diketahui atau tidak diketahui dengan cermin yang digunakan secara rohani.
2. **Tutup semua cermin di rumah anda** dengan kain semasa solat atau puasa (jika dipimpin).
3. **Urap mata dan dahi anda** - nyatakan anda sekarang hanya melihat apa yang Tuhan lihat.
4. **Gunakan Kitab Suci** untuk menyatakan identiti anda dalam Kristus, bukan dalam renungan palsu:
    - *Yesaya 43:1*
    - *2 Korintus 5:17*

- *Yohanes 8:36*

PERMOHONAN KUMPULAN – Pemulihan Identiti

- Tanya: Pernahkah anda mengalami mimpi yang melibatkan cermin, beregu, atau diperhatikan?
- Pimpin doa pemulihan identiti — mengisytiharkan kebebasan daripada versi palsu diri.
- Letakkan tangan di atas mata (secara simbolik atau dalam doa) dan berdoa untuk kejelasan penglihatan.
- Gunakan cermin dalam kumpulan untuk menyatakan secara nubuatan: *"Saya adalah yang Tuhan katakan saya. Tidak ada yang lain."*

Alatan Kementerian:

- Kain putih (simbol penutup)
- Minyak zaitun untuk urapan
- Panduan pengisytiharan cermin kenabian

Wawasan Utama

Musuh suka memutarbelitkan cara anda melihat diri anda — kerana identiti anda ialah titik akses anda kepada takdir.

Jurnal Refleksi

- Adakah saya percaya pembohongan tentang siapa saya?
- Adakah saya pernah mengambil bahagian dalam ritual cermin atau secara tidak sedar membenarkan sihir cermin?
- Apa yang Tuhan katakan tentang siapa saya?

Doa Kebebasan dari Alam Cermin

Bapa di Syurga, saya melanggar setiap perjanjian dengan alam cermin — setiap pantulan gelap, ganda rohani dan garis masa palsu. Saya meninggalkan semua identiti palsu. Saya menyatakan saya adalah siapa yang Engkau katakan saya. Dengan darah Yesus, saya melangkah keluar dari penjara renungan dan menuju kepenuhan tujuan saya. Mulai hari ini, saya melihat dengan mata Roh - dalam kebenaran dan kejelasan. Dalam nama Yesus, Amin.

HARI 16: MEMUTUSKAN IKATAN KUTUK KATA — MENUNTUT SEMULA NAMA ANDA, MASA DEPAN ANDA

"*Maut dan hidup dikuasai lidah...*" — Amsal 18:21

"*Senjata tidak akan berhasil untuk melawanmu, dan setiap lidah yang bangkit melawan engkau dalam penghakiman akan kauhukumi...*" — Yesaya 54:17

Kata-kata bukan sekadar bunyi — ia adalah **wadah rohani**, membawa kuasa untuk memberkati atau mengikat. Ramai orang tanpa sedar berjalan di bawah **beban kutukan yang diucapkan** oleh ibu bapa, guru, pemimpin rohani, bekas kekasih, atau bahkan mulut mereka sendiri.

Ada yang pernah mendengar ini sebelum ini:

- "Kamu tidak akan pernah bernilai apa-apa."
- "Kamu sama seperti bapa kamu - tidak berguna."
- "Semua yang anda sentuh gagal."
- "Jika saya tidak dapat memiliki awak, tiada siapa yang akan."
- "Kamu terkutuk... tonton dan lihat."

Kata-kata seperti ini, sekali diucapkan dalam kemarahan, kebencian, atau ketakutan - terutamanya oleh seseorang yang berkuasa - boleh menjadi jerat rohani. Malah kutukan yang diucapkan sendiri seperti *"Saya harap saya tidak pernah dilahirkan"* atau *"Saya tidak akan berkahwin"* boleh memberikan alasan undang-undang kepada musuh.

Ungkapan Global

- **Afrika** – Kutukan suku, kutukan ibu bapa atas pemberontakan, kutukan di pasaran.

- **Asia** – Pengisytiharan perkataan berasaskan karma, ikrar nenek moyang diucapkan ke atas kanak-kanak.
- **Amerika Latin** - Kutukan Brujeria (sihir) diaktifkan dengan perkataan yang diucapkan.
- **Eropah** – Heks yang dituturkan, "nubuatan" keluarga yang memenuhi diri.
- **Amerika Utara** – Penderaan lisan, nyanyian ghaib, penegasan kebencian diri.

Sama ada dibisik atau dijerit, kutukan yang diucapkan dengan emosi dan kepercayaan membawa berat dalam semangat.

Kesaksian - "Apabila Ibu Saya Berkata Kematian"

Keisha (Jamaica)

Keisha membesar mendengar ibunya berkata: *"Kamulah punca hidup saya hancur."* Setiap hari lahir, sesuatu yang buruk akan berlaku. Pada usia 21 tahun, dia cuba membunuh diri, yakin nyawanya tidak bernilai. Semasa upacara penyelamatan, pendeta itu bertanya, *"Siapa yang bercakap kematian atas hidup anda?"* Dia rosak. Selepas melepaskan kata-kata dan melepaskan pengampunan, dia akhirnya mengalami kegembiraan. Kini, dia mengajar gadis-gadis muda bagaimana untuk bercakap tentang kehidupan mereka sendiri.

Andrei (Romania)

Guru Andrei pernah berkata: *"Anda akan berakhir di penjara atau mati sebelum 25."* Kenyataan itu menghantuinya. Dia jatuh ke dalam jenayah, dan pada 24 telah ditangkap. Di dalam penjara, dia bertemu dengan Kristus dan menyedari kutukan yang telah dipersetujuinya. Dia menulis surat pengampunan kepada guru, mengoyakkan setiap kebohongan yang diucapkan ke atasnya, dan mula mengucapkan janji-janji Tuhan. Dia kini mengetuai kementerian jangkauan penjara.

Pelan Tindakan – Balikkan Kutukan

1. Tuliskan kenyataan negatif yang diucapkan ke atas anda — oleh orang lain atau diri sendiri.
2. Dalam solat, **tinggalkan setiap perkataan kutukan** (sebutkan dengan kuat).

3. **Melepaskan kemaafan** kepada orang yang mengucapkannya.
4. **Katakan kebenaran Tuhan** atas diri anda untuk menggantikan kutukan dengan berkat:
    - *Yeremia 29:11*
    - *Ulangan 28:13*
    - *Roma 8:37*
    - *Mazmur 139:14*

Aplikasi Kumpulan – Kuasa Perkataan

- Tanya: Apakah kenyataan yang telah membentuk identiti anda — baik atau buruk?
- Dalam kumpulan, patahkan kutukan dengan kuat (dengan kepekaan), dan ucapkan berkat sebagai pengganti.
- Gunakan kad tulisan suci — setiap orang membaca dengan kuat 3 kebenaran tentang identiti mereka.
- *Dekri Berkat* 7 hari ke atas diri mereka sendiri.

Alatan Kementerian:

- Kad kilat dengan identiti kitab suci
- Minyak zaitun untuk meminyaki mulut (ucapan menyucikan)
- Perisytiharan cermin — bercakap benar melalui refleksi anda setiap hari

Wawasan Utama

Jika kutukan diucapkan, ia boleh dipatahkan - dan perkataan baru kehidupan boleh diucapkan menggantikannya.

Jurnal Refleksi

- Kata-kata siapa yang telah membentuk identiti saya?
- Adakah saya telah mengutuk diri saya sendiri melalui ketakutan, kemarahan, atau rasa malu?
- Apa yang Tuhan katakan tentang masa depan saya?

Doa Mematahkan Kutukan Kata

Tuhan Yesus , saya meninggalkan setiap kutukan yang diucapkan sepanjang hidup saya - oleh keluarga, rakan, guru, kekasih, dan juga saya sendiri. Saya memaafkan setiap suara yang menyatakan kegagalan, penolakan, atau kematian. Saya memecahkan kuasa kata-kata itu sekarang, dalam nama Yesus. Saya bercakap berkat, nikmat, dan takdir sepanjang hidup saya. Saya adalah siapa yang Anda katakan saya - dikasihi, dipilih, disembuhkan, dan bebas. Dalam nama Yesus. Amin.

HARI 17: PENYELESAIAN DARIPADA KAWALAN & MANIPULASI

"*Sihir tidak selalunya jubah dan kuali - kadangkala ia adalah perkataan, emosi, dan rantai yang tidak kelihatan.*"

"**Sebab pemberontakan adalah seperti dosa sihir, dan kedegilan adalah seperti kejahatan dan penyembahan berhala.**"
— *1 Samuel 15:23*

Sihir bukan sahaja terdapat di kuil. Ia sering memakai senyuman dan memanipulasi melalui rasa bersalah, ancaman, sanjungan, atau ketakutan. Alkitab menyamakan pemberontakan - terutamanya pemberontakan yang menggunakan kawalan yang tidak bertuhan ke atas orang lain - dengan sihir. Pada bila-bila masa kita menggunakan tekanan emosi, psikologi atau rohani untuk menguasai kehendak orang lain, kita sedang berjalan di wilayah yang berbahaya.

Manifestasi Global

- **Afrika** - Ibu mengutuk anak-anak dalam kemarahan, kekasih mengikat orang lain melalui "juju" atau ramuan cinta, pemimpin rohani menakutkan pengikut.
- **Asia** – Kawalan guru ke atas murid, pemerasan ibu bapa dalam perkahwinan yang diatur, manipulasi tali tenaga.
- **Eropah** – Sumpah Freemason mengawal tingkah laku generasi, kesalahan agama dan penguasaan.
- **Amerika Latin** - Brujería (sihir) digunakan untuk mengekalkan pasangan, pemerasan emosi berakar umbi dalam kutukan keluarga.
- **Amerika Utara** - Keibubapaan narsisistik, kepimpinan manipulatif bertopeng sebagai "penutup rohani", ramalan berasaskan ketakutan.

Suara sihir sering berbisik: *"Jika kamu tidak melakukan ini, kamu akan kehilangan saya, kehilangan perkenan Tuhan, atau menderita."*

Tetapi cinta sejati tidak pernah memanipulasi. Suara Tuhan sentiasa membawa kedamaian, kejelasan, dan kebebasan memilih.

Kisah Nyata — Memutuskan Tali Halimunan

Grace dari Kanada terlibat secara mendalam dalam pelayanan kenabian di mana pemimpin itu mula menentukan siapa yang boleh dia temui, di mana dia boleh tinggal, dan juga cara berdoa. Pada mulanya, ia berasa rohani, tetapi lama-kelamaan, dia berasa seperti banduan untuk pendapatnya. Setiap kali dia cuba membuat keputusan bebas, dia diberitahu dia "memberontak terhadap Tuhan." Selepas pecahan dan membaca *Greater Exploits 14*, dia menyedari ini adalah sihir berkarisma — kawalan yang menyamar sebagai ramalan.

Grace meninggalkan ikatan jiwa dengan pemimpin rohaninya, bertaubat atas persetujuannya sendiri dengan manipulasi, dan menyertai komuniti tempatan untuk penyembuhan. Hari ini, dia sihat dan membantu orang lain keluar daripada penderaan agama.

Pelan Tindakan — Ilmu Sihir yang Arif dalam Hubungan

1. Tanya diri anda: *Adakah saya berasa bebas di sekeliling orang ini, atau takut untuk mengecewakan mereka?*
2. Senaraikan hubungan di mana rasa bersalah, ancaman atau sanjungan digunakan sebagai alat kawalan.
3. Tolak setiap ikatan emosi, rohani atau jiwa yang membuatkan anda berasa dikuasai atau tidak bersuara.
4. Berdoa dengan kuat untuk memutuskan setiap tali manipulatif dalam hidup anda.

Alat Kitab Suci

- **1 Samuel 15:23** – Pemberontakan dan sihir
- **Galatia 5:1** – "Berdirilah teguh ... jangan dibebani lagi oleh kuk perhambaan."
- **2 Korintus 3:17** – "Di mana ada Roh Tuhan, di situ ada kebebasan."
- **Mikha 3:5–7** – Nabi palsu menggunakan intimidasi dan rasuah

Perbincangan & Aplikasi Kumpulan

- Kongsi (tanpa nama jika perlu) masa yang anda rasa dimanipulasi secara rohani atau emosi.
- Main peranan doa "mengatakan kebenaran" — melepaskan kawalan ke atas orang lain dan mengambil kembali kehendak anda.
- Minta ahli menulis surat (nyata atau simbolik) memutuskan hubungan dengan tokoh yang mengawal dan mengisytiharkan kebebasan dalam Kristus.

Alatan Kementerian:

- Gandingkan rakan kongsi pelepasan.
- Gunakan minyak urapan untuk mengisytiharkan kebebasan atas fikiran dan kehendak.
- Gunakan persekutuan untuk mewujudkan semula perjanjian dengan Kristus sebagai *satu-satunya penutup yang benar*.

Wawasan Utama

Di mana manipulasi hidup, sihir berkembang maju. Tetapi di mana Roh Tuhan berada, di situ ada kebebasan.

Jurnal Refleksi

- Siapa atau apa yang saya benarkan untuk mengawal suara, kehendak, atau arahan saya?
- Adakah saya pernah menggunakan ketakutan atau sanjungan untuk mendapatkan cara saya?
- Apakah langkah yang akan saya ambil hari ini untuk berjalan dalam kebebasan Kristus?

Doa Pembebasan

Bapa Syurgawi, saya meninggalkan setiap bentuk manipulasi emosi, rohani, dan psikologi yang beroperasi di dalam atau di sekeliling saya. Saya memutuskan setiap ikatan jiwa yang berakar pada ketakutan, rasa bersalah, dan kawalan. Saya membebaskan diri daripada pemberontakan, penguasaan, dan intimidasi.

Saya menyatakan bahawa saya dipimpin oleh Roh-Mu sahaja. Saya menerima rahmat untuk berjalan dalam kasih, kebenaran, dan kebebasan. Dalam nama Yesus. Amin.

HARI 18: MEROSAKKAN KUASA TIDAK PENGAMPUNAN & KEPAHITAN

"*Tidak memaafkan adalah seperti meminum racun dan mengharapkan orang lain mati.*"

"Berhati-hatilah... agar tiada akar pahit yang tumbuh untuk menimbulkan kekacauan dan mencemarkan banyak orang."
— *Ibrani 12:15*

Kepahitan adalah pemusnah senyap. Ia mungkin bermula dengan sakit hati — pengkhianatan, pembohongan, kehilangan — tetapi apabila dibiarkan, ia menjadi tidak bermaaf-maafan, dan akhirnya, menjadi akar yang meracuni segala-galanya.

Tidak mengampuni membuka pintu kepada roh yang menyiksa (Matius 18:34). Ia mengaburkan kebijaksanaan, menghalang penyembuhan, mencekik doa anda, dan menghalang aliran kuasa Tuhan.

Pembebasan bukan hanya tentang mengusir syaitan — ia tentang melepaskan apa yang telah anda pegang di dalam.

UNGKAPAN GLOBAL KEPAHITAN

- **Afrika** – Peperangan suku kaum, keganasan politik dan pengkhianatan keluarga diwarisi turun-temurun.
- **Asia** – Penghinaan antara ibu bapa dan anak, luka berdasarkan kasta, pengkhianatan agama.
- **Eropah** - Keheningan generasi mengenai penderaan, kepahitan kerana perceraian atau perselingkuhan.
- **Amerika Latin** - Luka daripada institusi yang korup, penolakan keluarga, manipulasi rohani.

- **Amerika Utara** – Kecederaan gereja, trauma perkauman, bapa tidak hadir, ketidakadilan di tempat kerja.

Kepahitan tidak selalu menjerit. Kadang-kadang, ia berbisik, "Saya tidak akan melupakan apa yang mereka lakukan."

Tetapi Tuhan berkata: *Biarkan ia pergi - bukan kerana mereka layak mendapatnya, tetapi kerana* **anda** *melakukannya.*

Kisah Nyata — Wanita Yang Tidak Akan Memaafkan

Maria dari Brazil berusia 45 tahun ketika dia mula-mula datang untuk pembebasan. Setiap malam, dia bermimpi dicekik. Dia mengalami ulser, tekanan darah tinggi, dan kemurungan. Semasa sesi itu, didedahkan bahawa dia menyimpan kebencian terhadap bapanya yang menderanya semasa kecil - dan kemudiannya meninggalkan keluarga.

Dia telah menjadi seorang Kristian, tetapi tidak pernah memaafkannya.

Semasa dia menangis dan melepaskannya di hadapan Tuhan, tubuhnya mengejang - sesuatu pecah. Malam itu, dia tidur dengan tenang buat kali pertama dalam 20 tahun. Dua bulan kemudian, kesihatannya mula bertambah baik secara drastik. Dia kini berkongsi kisahnya sebagai jurulatih penyembuhan untuk wanita.

Pelan Tindakan — Mencabut Akar Pahit

1. **Namakannya** – Tuliskan nama mereka yang menyakiti anda — walaupun diri anda sendiri atau Tuhan (jika anda telah diam-diam marah kepada-Nya).
2. **Lepaskan** – Katakan dengan kuat: *"Saya memilih untuk memaafkan [nama] atas [kesalahan khusus]. Saya melepaskan mereka dan membebaskan diri saya."*
3. **Bakarnya** – Jika selamat untuk berbuat demikian, bakar atau carik kertas itu sebagai tindakan pelepasan nubuatan.
4. **Doakan berkat** bagi mereka yang menganiaya anda — walaupun emosi anda menentang. Ini adalah peperangan rohani.

Alat Kitab Suci

- *Matius 18:21–35* – Perumpamaan tentang hamba yang tidak

mengampuni
- *Ibrani 12:15* – Akar yang pahit menajiskan banyak orang
- *Markus 11:25* - Ampunilah, supaya doamu tidak terhalang
- *Roma 12:19–21* – Serahkan pembalasan kepada Tuhan

PERMOHONAN KUMPULAN & Kementerian

- Minta setiap orang (secara peribadi atau bertulis) untuk menamakan seseorang yang mereka sukar untuk memaafkan.
- Pecah ke dalam pasukan doa untuk menjalani proses pengampunan menggunakan doa di bawah.
- Mengetuai "upacara pembakaran" kenabian di mana kesalahan bertulis dimusnahkan dan digantikan dengan pengisytiharan penyembuhan.

Alatan Kementerian:

- Kad pengisytiharan pengampunan
- Muzik instrumental yang lembut atau sembah berendam
- Minyak kegembiraan (untuk pengurapan selepas pelepasan)

Wawasan Utama

Tidak memaafkan adalah pintu yang dieksploitasi oleh musuh. Pengampunan adalah pedang yang memutuskan tali perhambaan.

Jurnal Refleksi

- Siapa yang perlu saya maafkan hari ini?
- Adakah saya telah memaafkan diri saya sendiri — atau adakah saya menghukum diri saya atas kesilapan lalu?
- Adakah saya percaya Tuhan boleh memulihkan apa yang saya hilang melalui pengkhianatan atau pelanggaran?

Doa Pelepasan

Tuhan Yesus, saya datang ke hadapan-Mu dengan kesakitan, kemarahan, dan ingatan saya. Saya memilih hari ini — dengan iman — untuk memaafkan semua orang yang telah menyakiti, menganiaya, mengkhianati, atau menolak saya. Saya biarkan mereka pergi. Saya melepaskan mereka dari penghakiman dan saya melepaskan diri saya dari kepahitan. Saya memohon kepada-Mu untuk menyembuhkan setiap luka dan memenuhi saya dengan kedamaian-Mu. Dalam nama Yesus. Amin.

HARI 19: PENYEMBUHAN DARI MALU & KETUAKAN

"*Malu berkata, 'Saya jahat.' Kecaman berkata, 'Saya tidak akan pernah bebas.' Tetapi Yesus berkata, 'Engkau milik-Ku, dan Aku telah menjadikan kamu baru.'*"

"Orang-orang yang memandang kepada-Nya berseri-seri, muka mereka tidak pernah ditutupi dengan malu."
— *Mazmur 34:5*

Malu bukan sekadar perasaan — ia adalah strategi musuh. Ia adalah jubah yang dia lilitkan kepada mereka yang telah jatuh, gagal, atau dilanggar. Ia berkata, "Anda tidak boleh mendekati Tuhan. Anda terlalu kotor. Terlalu rosak. Terlalu bersalah."

Tetapi penghukuman adalah **dusta** - kerana di dalam Kristus, **tidak ada penghukuman** (Roma 8:1).

Ramai orang yang mencari pembebasan masih terperangkap kerana mereka percaya mereka **tidak layak mendapat kebebasan**. Mereka membawa rasa bersalah seperti lencana dan memainkan semula kesilapan terburuk mereka seperti rekod yang rosak.

Yesus bukan sahaja membayar untuk dosa anda - Dia membayar untuk keaiban anda.

Muka Global Malu

- **Afrika** – Pantang larang budaya sekitar rogol, mandul, tidak mempunyai anak, atau gagal untuk berkahwin.
- **Asia** – Rasa malu berasaskan kehinaan daripada jangkaan keluarga atau pembelotan agama.
- **Amerika Latin** – Rasa bersalah akibat pengguguran, penglibatan ilmu ghaib, atau aib keluarga.

- **Eropah** – Malu tersembunyi daripada dosa rahsia, penderaan atau perjuangan kesihatan mental.
- **Amerika Utara** – Malu daripada ketagihan, perceraian, pornografi atau kekeliruan identiti.

Malu tumbuh subur dalam diam — tetapi ia mati dalam cahaya kasih Tuhan.

Kisah Benar — Nama Baru Selepas Pengguguran

Jasmine dari AS telah melakukan tiga pengguguran sebelum datang kepada Kristus. Walaupun dia telah diselamatkan, dia tidak dapat memaafkan dirinya sendiri. Setiap Hari Ibu terasa seperti sumpahan. Apabila orang bercakap tentang kanak-kanak atau keibubapaan, dia berasa tidak kelihatan — dan lebih teruk lagi, tidak layak.

Semasa berundur wanita, dia mendengar mesej pada Yesaya 61 — "sebagai ganti malu, dua bahagian." Dia menangis. Malam itu, dia menulis surat kepada anak-anaknya yang belum lahir, bertaubat lagi di hadapan Tuhan, dan menerima penglihatan tentang Yesus memberikan nama barunya: *"Kekasih," "Ibu," "Dipulihkan."*

Dia kini melayani wanita selepas pengguguran dan membantu mereka mendapatkan semula identiti mereka dalam Kristus.

Pelan Tindakan — Melangkah Keluar dari Bayang-bayang

1. **Namakan Malu** – Jurnal perkara yang anda sembunyikan atau rasa bersalah.
2. **Mengaku Pembohongan** – Tuliskan tuduhan yang anda percayai (cth, "Saya kotor," "Saya hilang kelayakan").
3. **Gantikan dengan Kebenaran** – Nyatakan dengan lantang Firman Tuhan atas diri anda (lihat Kitab Suci di bawah).
4. **Tindakan Kenabian** – Tulis perkataan "MALU" pada sekeping kertas, kemudian koyakkan atau bakar. Istiharkan: *"Saya tidak lagi terikat dengan ini!"*

Alat Kitab Suci

- *Roma 8:1–2* – Tiada penghukuman dalam Kristus

- *Yesaya 61:7* – Dua bahagian untuk memalukan
- *Mazmur 34:5* – Bercahaya di hadapan-Nya
- *Ibrani 4:16* – Akses berani ke takhta Tuhan
- *Zefanya 3:19–20* – Tuhan menghilangkan rasa malu di antara bangsa-bangsa

Permohonan Kumpulan & Kementerian

- Jemput peserta untuk menulis pernyataan malu tanpa nama (cth, "Saya telah menggugurkan kandungan," "Saya telah didera," "Saya melakukan penipuan") dan meletakkannya dalam kotak yang tertutup.
- Baca Yesaya 61 dengan lantang, kemudian pimpin doa untuk pertukaran — berkabung untuk kegembiraan, abu untuk kecantikan, malu untuk kehormatan.
- Mainkan muzik penyembahan yang menekankan identiti dalam Kristus.
- Ucapkan kata-kata kenabian terhadap individu yang bersedia untuk melepaskannya.

Alatan Kementerian:

- Kad pengisytiharan pengenalan diri
- Minyak urapan
- Sembah senarai main dengan lagu seperti "You Say" (Lauren Daigle), "No Longer Slaves" atau "Who You Say I Am"

Wawasan Utama
Malu adalah pencuri. Ia mencuri suara anda, kegembiraan anda, dan kuasa anda. Yesus tidak hanya mengampuni dosa-dosa anda - Dia melucutkan rasa malu dari kuasanya.

Jurnal Refleksi

- Apakah memori terawal tentang rasa malu yang boleh saya ingat?
- Pembohongan apa yang saya percaya tentang diri saya?
- Adakah saya bersedia untuk melihat diri saya sebagaimana Tuhan melihat saya — bersih, bercahaya, dan terpilih?

Doa Kesembuhan
Tuhan Yesus, aku membawa kepadaMu aibku, kesakitanku yang tersembunyi, dan setiap suara kutukan. Saya bertaubat kerana bersetuju dengan

pembohongan musuh tentang siapa saya. Saya memilih untuk mempercayai apa yang Engkau katakan — bahawa saya diampuni, disayangi, dan dijadikan baharu. Saya menerima jubah kebenaran-Mu dan melangkah ke dalam kebebasan. Aku berjalan keluar dari rasa malu dan menuju kemuliaan-Mu. Dalam nama Yesus, Amin.

HARI 20: SIHIR RUMAH TANGGA — APABILA KEGELAPAN HIDUP DI BAWAH BUMBUNG YANG SAMA

"*Tidak semua musuh berada di luar. Ada yang memakai wajah yang dikenali.*"

"**Musuh seseorang ialah ahli rumahnya sendiri.**"
— *Matius 10:36*

Beberapa pertempuran rohani yang paling sengit tidak berlaku di hutan atau kuil - tetapi di bilik tidur, dapur, dan mezbah keluarga.

Sihir isi rumah merujuk kepada operasi syaitan yang berasal dari dalam keluarga seseorang — ibu bapa, pasangan, adik beradik, kakitangan rumah, atau saudara mara — melalui iri hati, amalan ghaib, altar nenek moyang, atau manipulasi rohani secara langsung.

Pembebasan menjadi rumit apabila orang yang terlibat adalah **orang yang kita sayangi atau tinggal bersama.**

Contoh Global Sihir Rumah Tangga

- **Afrika** - Seorang ibu tiri yang cemburu menghantar kutukan melalui makanan; adik beradik menyeru semangat terhadap abang yang lebih berjaya.
- **India & Nepal** – Ibu mengabdikan anak kepada dewa semasa lahir; mezbah rumah digunakan untuk mengawal takdir.
- **Amerika Latin** - Brujeria atau Santeria diamalkan secara rahsia oleh saudara mara untuk memanipulasi pasangan atau anak.
- **Eropah** – Freemason Tersembunyi atau sumpah ghaib dalam talian keluarga; tradisi psikik atau spiritualis diturunkan.
- **Amerika Utara** - Wiccan atau ibu bapa zaman baharu "memberkati" anak-anak mereka dengan kristal, pembersihan tenaga, atau tarot.

Kuasa ini mungkin bersembunyi di sebalik kasih sayang keluarga, tetapi matlamat mereka adalah kawalan, genangan, penyakit, dan perhambaan rohani.

Kisah Benar — Ayahku, Nabi Kampung

Seorang wanita dari Afrika Barat dibesarkan di sebuah rumah di mana bapanya adalah seorang nabi kampung yang sangat dihormati. Bagi orang luar, dia adalah pembimbing rohani. Di sebalik pintu tertutup, dia menguburkan azimat di perkarangan dan membuat pengorbanan bagi pihak keluarga yang mencari bantuan atau membalas dendam.

Corak pelik muncul dalam hidupnya: mimpi buruk yang berulang, hubungan yang gagal, dan penyakit yang tidak dapat dijelaskan. Apabila dia menyerahkan hidupnya kepada Kristus, bapanya menentangnya, menyatakan dia tidak akan berjaya tanpa bantuannya. Kehidupannya berputar selama bertahun-tahun.

Selepas berbulan-bulan berdoa tengah malam dan berpuasa, Roh Kudus memimpinnya untuk melepaskan setiap ikatan jiwa dengan mantel ghaib bapanya. Dia menguburkan kitab suci di dindingnya, membakar token lama, dan mengurapi ambang pintunya setiap hari. Perlahan-lahan, kejayaan bermula: kesihatannya kembali, impiannya dibersihkan, dan dia akhirnya berkahwin. Dia kini membantu wanita lain menghadapi mezbah rumah tangga.

Pelan Tindakan — Menghadapi Semangat Kenal

1. **Membezakan tanpa kehinaan** - Minta Tuhan untuk mendedahkan kuasa tersembunyi tanpa kebencian.
2. **Memutuskan perjanjian jiwa** – Meninggalkan setiap ikatan rohani yang dibuat melalui ritual, mazbah, atau sumpah yang diucapkan.
3. **Berpisah secara rohani** - Walaupun tinggal di rumah yang sama, anda boleh **memutuskan hubungan secara rohani** melalui doa.
4. **Sucikan ruang anda** – Urap setiap bilik, objek dan ambang dengan minyak dan kitab suci.

Alat Kitab Suci

- *Mikha 7:5–7* – Jangan percaya kepada sesama manusia

- *Mazmur 27:10* – "Sekalipun ayah dan ibuku meninggalkan aku..."
- *Lukas 14:26* – Mengasihi Kristus lebih daripada keluarga
- *2 Raja-raja 11:1–3* – Pembebasan tersembunyi daripada ibu ratu yang membunuh
- *Yesaya 54:17* – Tidak ada senjata yang dibentuk akan berhasil

Permohonan Kumpulan

- Berkongsi pengalaman di mana tentangan datang dari dalam keluarga.
- Berdoa untuk kebijaksanaan, keberanian, dan kasih sayang dalam menghadapi rintangan rumah tangga.
- Pimpin doa pelepasan dari setiap ikatan jiwa atau sumpahan yang diucapkan oleh saudara-mara.

Alatan Kementerian:

- Minyak urapan
- Pengisytiharan pengampunan
- Doa pelepasan akad
- Penutup doa Mazmur 91

Wawasan Utama

Garis keturunan boleh menjadi rahmat atau medan perang. Anda dipanggil untuk menebusnya, bukan diperintah olehnya.

Jurnal Refleksi

- Adakah saya pernah mendapat tentangan rohani daripada seseorang yang rapat?
- Adakah seseorang yang perlu saya maafkan - walaupun mereka masih beroperasi dalam ilmu sihir?
- Adakah saya bersedia untuk dipisahkan, walaupun ia memerlukan perhubungan?

Doa Perpisahan & Perlindungan

Bapa, saya akui bahawa tentangan yang paling hebat boleh datang dari mereka yang paling rapat dengan saya. Saya memaafkan setiap ahli isi rumah secara sedar atau tidak sedang berusaha melawan takdir saya. Saya memutuskan setiap ikatan jiwa, kutukan, dan perjanjian yang dibuat melalui garis keluarga saya yang tidak sejajar dengan Kerajaan-Mu. Dengan darah Yesus, saya menguduskan rumah saya dan menyatakan: bagi saya dan rumah saya, kami akan melayani Tuhan. Amin.

HARI 21: ROH IZEBEL — RASU, KAWALAN, DAN MANIPULASI AGAMA

"*Tetapi Aku mempunyai keberatan terhadap kamu: Kamu membiarkan wanita Izebel itu, yang menyebut dirinya nabiah. Dengan ajarannya ia menyesatkan...*" - Wahyu 2:20

"*Akhirnya akan tiba dengan tiba-tiba, tanpa ubat.*" — Amsal 6:15

Beberapa roh menjerit dari luar.

Izebel berbisik dari dalam.

Dia bukan sahaja menggoda - dia **merampas, memanipulasi, dan rasuah**, meninggalkan kementerian hancur, perkahwinan lemas, dan negara tergoda oleh pemberontakan.

Apakah Roh Izebel?

Roh Izebel:

- Meniru ramalan untuk menyesatkan
- Menggunakan daya tarikan dan rayuan untuk mengawal
- Membenci kuasa yang benar dan membungkam nabi
- Topeng kebanggaan di sebalik kerendahan hati palsu
- Selalunya melekat pada kepimpinan atau mereka yang rapat dengannya

Semangat ini boleh beroperasi melalui **lelaki atau wanita**, dan ia berkembang subur apabila kuasa, cita-cita, atau penolakan yang tidak terkawal tidak sembuh.

Manifestasi Global

- **Afrika** - Nabi perempuan palsu yang memanipulasi mezbah dan menuntut kesetiaan dengan ketakutan.

- **Asia** – Ahli mistik agama mencampurkan rayuan dengan penglihatan untuk mendominasi kalangan rohani.
- **Eropah** - Kultus dewi purba dihidupkan semula dalam amalan Zaman Baru di bawah nama pemerkasaan.
- **Amerika Latin** - Pendeta Santeria memegang kawalan ke atas keluarga melalui "nasihat rohani."
- **Amerika Utara** – Pengaruh media sosial mempromosikan "kewanitaan ilahi" sambil mengejek penyerahan, kewibawaan atau kesucian alkitabiah.

Kisah Nyata: *Izebel yang Duduk di atas Mezbah*

Di negara Caribbean, gereja yang terbakar untuk Tuhan mula malap - perlahan-lahan, secara halus. Kumpulan syafaat yang pernah bertemu untuk solat tengah malam mula berteberan. Kementerian belia jatuh ke dalam skandal. Perkahwinan di gereja mula gagal, dan paderi yang pernah berapi-api menjadi ragu-ragu dan letih secara rohani.

Di tengah-tengah semuanya adalah seorang wanita — **Sister R.** Cantik, berkarisma, dan pemurah, dia dikagumi ramai. Dia sentiasa mempunyai "firman daripada Tuhan" dan bermimpi tentang nasib orang lain. Dia memberi dengan murah hati kepada projek gereja dan mendapat tempat duduk dekat dengan paderi.

Di sebalik tabir, dia secara halus **memfitnah wanita lain**, menggoda seorang paderi muda, dan menyemai benih perpecahan. Dia meletakkan dirinya sebagai pihak berkuasa rohani sambil secara senyap-senyap melemahkan kepimpinan sebenar.

Pada suatu malam, seorang remaja perempuan di gereja mengalami mimpi yang jelas - dia melihat seekor ular bergelung di bawah mimbar, berbisik ke mikrofon. Kerana ketakutan, dia berkongsi dengan ibunya yang membawanya kepada paderi.

Pimpinan memutuskan untuk berpuasa selama **3 hari** bagi mendapatkan petunjuk Allah. Pada hari ketiga, semasa sesi solat, Sister R mula menjelma dengan ganas. Dia mendesis, menjerit, dan menuduh orang lain sihir. Pembebasan yang kuat diikuti, dan dia mengaku: dia telah dimulakan ke dalam tatanan rohani pada lewat remajanya, ditugaskan untuk **menyusup ke gereja untuk "mencuri api mereka."**

Dia sudah berada di **lima gereja** sebelum ini. Senjatanya tidak kuat — ia adalah **sanjungan, rayuan, kawalan emosi** dan manipulasi kenabian.

Hari ini, gereja itu telah membina semula mezbahnya. Mimbar telah dikhaskan semula. Dan gadis remaja itu? Dia kini seorang penginjil yang berapi-api yang mengetuai gerakan doa wanita.

Pelan Tindakan — Cara Menghadapi Izebel

1. **Bertaubatlah** dalam apa jua cara anda telah bekerjasama dengan manipulasi, kawalan seksual, atau kebanggaan rohani.
2. **Bezakan** sifat-sifat Izebel — sanjungan, pemberontakan, rayuan, nubuatan palsu.
3. **Putuskan ikatan jiwa** dan pakatan yang tidak suci dalam doa — terutamanya dengan sesiapa sahaja yang menjauhkan anda daripada suara Tuhan.
4. **Nyatakan kuasa anda** dalam Kristus. Izebel takut kepada mereka yang mengenali mereka.

Kitab Suci Arsenal:

- 1 Raja-raja 18–21 – Izebel vs Elia
- Wahyu 2:18–29 – Amaran Kristus kepada Tiatira
- Amsal 6:16–19 – Apa yang dibenci Tuhan
- Galatia 5:19–21 – Perbuatan daging

Permohonan Kumpulan

- Bincangkan: Pernahkah anda menyaksikan manipulasi rohani? Bagaimana ia menyamar?
- Sebagai satu kumpulan, isytiharkan dasar "tiada toleransi" untuk Izebel - di gereja, rumah atau kepimpinan.
- Jika perlu, lakukan **doa pembebasan** atau puasa untuk memecahkan pengaruhnya.
- Dedikasikan semula mana-mana kementerian atau altar yang telah

dikompromi.

Alat Kementerian:
Gunakan minyak urapan. Cipta ruang untuk pengakuan dan pengampunan. Nyanyikan lagu-lagu penyembahan yang menyatakan **Ketuhanan Yesus.**

Wawasan Utama
Izebel berkembang maju di mana **daya kebijaksanaan rendah** dan **toleransi tinggi**. Pemerintahannya berakhir apabila kuasa rohani bangkit.

Jurnal Refleksi

- Adakah saya telah membenarkan manipulasi untuk memimpin saya?
- Adakah terdapat orang atau pengaruh yang saya tinggikan melebihi suara Tuhan?
- Adakah saya telah membungkam suara kenabian saya kerana ketakutan atau kawalan?

Doa Pembebasan
Tuhan Yesus, saya meninggalkan semua persekutuan dengan roh Izebel. Saya menolak rayuan, kawalan, ramalan palsu, dan manipulasi. Bersihkan hati saya dari rasa bangga, takut, dan kompromi. Saya mengambil semula kuasa saya. Biarlah setiap mezbah yang dibina Izebel dalam hidup saya dirobohkan. Saya menobatkan Engkau, Yesus, sebagai Tuhan atas hubungan, panggilan, dan pelayanan saya. Penuhi aku dengan kebijaksanaan dan keberanian. Dalam nama-Mu, Amin.

HARI 22: ULAR DAN DOA — MEPATAHKAN SEMANGAT PEMBENTUKAN

"*Pada suatu ketika kami pergi ke tempat sembahyang, kami bertemu dengan seorang budak perempuan yang mempunyai roh ular sawa...*" — Kisah Para Rasul 16:16

"*Engkau akan menginjak-injak singa dan penakut...*" — Mazmur 91:13

Ada roh yang tidak menggigit — ia **memerah**.

Ia menyesakkan api anda. Ia berputar di sekeliling kehidupan doa anda, nafas anda, ibadat anda, disiplin anda - sehingga anda mula berputus asa pada apa yang pernah memberi anda kekuatan.

Inilah semangat **Python** — kuasa iblis yang **menyekat pertumbuhan rohani, menangguhkan takdir, mencekik doa dan ramalan palsu**.

Manifestasi Global

- **Afrika** - Semangat ular sawa muncul sebagai kuasa kenabian palsu, beroperasi di kuil marin dan hutan.
- **Asia** – Roh ular disembah sebagai dewa yang mesti diberi makan atau ditenangkan.
- **Amerika Latin** - Mezbah serpentin Santeria digunakan untuk kekayaan, nafsu, dan kuasa.
- **Eropah** - Simbol ular dalam ilmu sihir, ramalan nasib, dan kalangan psikik.
- **Amerika Utara** – Suara "nubuatan" palsu yang berakar umbi dalam pemberontakan dan kekeliruan rohani.

Testimoni: *Gadis Yang Tidak Dapat Bernafas*

Marisol dari Colombia mula mengalami sesak nafas setiap kali dia berlutut untuk berdoa. Dadanya akan sesak. Mimpinya dipenuhi dengan imej ular, melingkar di lehernya atau berehat di bawah katilnya. Doktor mendapati tiada apa-apa yang salah dari segi perubatan.

Suatu hari, neneknya mengakui Marisol telah "berdedikasi" sebagai seorang kanak-kanak kepada roh gunung yang dikenali sebagai ular. Ia adalah **"semangat pelindung"**, tetapi ia datang dengan kos.

Semasa mesyuarat pembebasan, Marisol mula menjerit dengan kuat sambil tangan diletakkan ke atasnya. Dia merasakan sesuatu bergerak di dalam perutnya, di atas dadanya, dan kemudian keluar dari mulutnya seperti udara yang dikeluarkan.

Selepas pertemuan itu, sesak nafas berakhir. Mimpinya berubah. Dia mula memimpin mesyuarat doa - perkara yang musuh pernah cuba mencekiknya.

Tanda-Tanda Anda Mungkin Di Bawah Pengaruh Semangat Ular Sawa

- Keletihan dan rasa berat setiap kali anda cuba berdoa atau beribadat
- Kekeliruan kenabian atau mimpi yang menipu
- Perasaan berterusan tercekik, disekat, atau terikat
- Kemurungan atau putus asa tanpa sebab yang jelas
- Kehilangan keinginan atau motivasi rohani

Pelan Tindakan – Memecah Penyempitan

1. **Bertaubat** dari sebarang penglibatan ilmu ghaib, psikik, atau nenek moyang.
2. **Nyatakan badan dan roh anda sebagai milik Tuhan sahaja.**
3. **Puasa dan berperang** menggunakan Yesaya 27:1 dan Mazmur 91:13.
4. **Urap kerongkong, dada dan kaki anda** — menuntut kebebasan untuk bercakap, bernafas, dan berjalan dalam kebenaran.

Kitab Pembebasan:

- Kisah 16:16–18 – Paulus mengusir roh ular sawa
- Yesaya 27:1 - Tuhan menghukum Leviathan, ular yang melarikan diri
- Mazmur 91 – Perlindungan dan kuasa

- Lukas 10:19 – Kuasa untuk menginjak ular dan kala jengking

PERMOHONAN KUMPULAN

- Tanya: Apakah yang mencekik kehidupan solat kita — secara peribadi dan korporat?
- Pimpin satu kumpulan doa bernafas — mengisytiharkan **nafas Tuhan** (Ruach) ke atas setiap ahli.
- Hancurkan setiap pengaruh kenabian palsu atau tekanan seperti ular dalam penyembahan dan syafaat.

Alat Pelayanan: Beribadah dengan seruling atau alat nafas, pemotongan tali simbolik, selendang doa untuk kebebasan bernafas.

Wawasan Utama

Roh Python menyesakkan apa yang Tuhan mahu lahirkan. Ia mesti dihadapi untuk memulihkan nafas dan keberanian anda.

Jurnal Refleksi

- Bilakah kali terakhir saya berasa bebas sepenuhnya dalam solat?
- Adakah terdapat tanda-tanda keletihan rohani yang saya abaikan?
- Adakah saya secara tidak sedar telah menerima "nasihat rohani" yang membawa lebih kekeliruan?

Doa Pembebasan

Bapa, dalam nama Yesus, saya mematahkan setiap semangat penyempitan yang ditugaskan untuk mencekik tujuan saya. Saya meninggalkan roh ular sawa dan semua suara kenabian palsu. Saya menerima nafas Roh-Mu dan menyatakan: Saya akan bernafas dengan bebas, berdoa dengan berani, dan berjalan dengan tegak. Setiap ular yang melilit hidup saya dipotong dan dibuang. Saya menerima pembebasan sekarang. Amin.

HARI 23: TAKHTA KEZALIMAN — MERUNTUHKAN KUAT WILAYAH

"*Adakah takhta kejahatan, yang merancang kejahatan menurut hukum, akan bersekutu dengan Engkau?*" — Mazmur 94:20

"*Kita tidak bergumul melawan darah dan daging, tetapi melawan... penguasa kegelapan...*" — Efesus 6:12

Terdapat **takhta yang tidak kelihatan** — didirikan di bandar, negara, keluarga, dan sistem — di mana kuasa iblis **memerintah secara sah** melalui perjanjian, perundangan, penyembahan berhala, dan pemberontakan yang berpanjangan.

Ini bukan serangan rawak. Ini adalah **pihak berkuasa yang bertakhta**, berakar umbi dalam struktur yang mengekalkan kejahatan merentas generasi.

Sehingga takhta-takhta ini **dibongkar secara rohani**, kitaran kegelapan akan berterusan — tidak kira berapa banyak doa yang dipanjatkan di peringkat permukaan.

Kubu dan Takhta Global

- **Afrika** - Takhta sihir dalam keturunan diraja dan majlis tradisional.
- **Eropah** - Takhta sekularisme, freemasonry, dan pemberontakan yang disahkan.
- **Asia** – Takhta penyembahan berhala di kuil nenek moyang dan dinasti politik.
- **Amerika Latin** - Takhta keganasan narkotik, pemujaan kematian, dan rasuah.
- **Amerika Utara** - Takhta penyelewengan, pengguguran, dan penindasan kaum.

Takhta ini mempengaruhi keputusan, menindas kebenaran, dan **memakan takdir**.

Testimoni: *Penyerahan Ahli Majlis Bandaraya*

Di sebuah bandar di Afrika Selatan, seorang ahli majlis Kristian yang baru dipilih mendapati setiap pemegang jawatan sebelumnya sama ada menjadi gila, bercerai, atau meninggal dunia secara tiba-tiba.

Selepas berhari-hari berdoa, Tuhan menurunkan **takhta pengorbanan darah** yang terkubur di bawah bangunan perbandaran. Seorang pelihat tempatan telah lama menanam azimat sebagai sebahagian daripada tuntutan wilayah.

Ahli majlis mengumpulkan syafaat, berpuasa, dan mengadakan ibadat pada tengah malam di dalam dewan majlis. Selama tiga malam, kakitangan melaporkan jeritan aneh di dinding, dan kuasa berkelip.

Dalam masa seminggu, pengakuan bermula. Kontrak rasuah telah didedahkan, dan dalam beberapa bulan, perkhidmatan awam bertambah baik. Takhta telah jatuh.

Pelan Tindakan – Memusnahkan Kegelapan

1. **Kenal pasti takhta** — minta Tuhan untuk menunjukkan kepada anda kubu wilayah di bandar, pejabat, keturunan atau wilayah anda.
2. **Bertaubatlah bagi pihak negeri** (syafaat ala Daniel 9).
3. **Menyembah secara strategik** — takhta runtuh apabila kemuliaan Tuhan mengambil alih (lihat 2 Taw. 20).
4. **Isytiharkan nama Yesus** sebagai satu-satunya Raja yang benar atas wilayah itu.

Kitab Sauh:

- Mazmur 94:20 – Takhta kejahatan
- Efesus 6:12 – Pemerintah dan penguasa
- Yesaya 28:6 – Roh keadilan bagi mereka yang berperang
- 2 Raja-raja 23 – Yosia memusnahkan mezbah dan takhta berhala

PENGLIBATAN KUMPULAN

- Jalankan sesi "peta rohani" kejiranan atau bandar anda.
- Tanya: Apakah kitaran dosa, kesakitan, atau penindasan di sini?
- Lantik "penjaga" untuk berdoa setiap minggu di lokasi pintu gerbang utama: sekolah, mahkamah, pasar.
- Pimpin perintah kumpulan menentang penguasa rohani menggunakan Mazmur 149:5–9.

Alat Kementerian: Shofar, peta bandar, minyak zaitun untuk penyucian tanah, panduan berjalan sembahyang.

Wawasan Utama

Jika anda ingin melihat transformasi di bandar anda, **anda mesti mencabar takhta di belakang sistem** — bukan hanya wajah di hadapannya.

Jurnal Refleksi

- Adakah terdapat pertempuran berulang di bandar atau keluarga saya yang dirasakan lebih besar daripada saya?
- Adakah saya telah mewarisi pertempuran melawan takhta yang saya tidak takhta?
- Apakah "pemerintah" yang perlu disingkirkan dalam doa?

Doa Perang

Ya Tuhan, bukalah setiap takhta kejahatan yang memerintah wilayahku. Saya mengisytiharkan nama Yesus sebagai satu-satunya Raja! Biarkan setiap mezbah tersembunyi, undang-undang, perjanjian, atau kuasa yang menegakkan kegelapan dihamburkan oleh api. Saya mengambil tempat saya sebagai pemberi syafaat. Dengan darah Anak Domba dan perkataan kesaksian saya, saya meruntuhkan takhta dan menobatkan Kristus di atas rumah, kota, dan negara saya. Dalam nama Yesus. Amin.

HARI 24: SERPIHAN JIWA — APABILA SEBAHAGIAN DARI ANDA HILANG

"*Ia memulihkan jiwaku...*" — Mazmur 23:3
"*Aku akan menyembuhkan lukamu, demikianlah firman TUHAN, sebab engkau disebut orang buangan...*" — Yeremia 30:17

Trauma mempunyai cara untuk menghancurkan jiwa. Penderaan. Penolakan. Pengkhianatan. Ketakutan secara tiba-tiba. Kesedihan yang berpanjangan. Pengalaman ini bukan sahaja meninggalkan kenangan — ia **mematahkan dalaman anda**.

Ramai orang berjalan-jalan melihat keseluruhan tetapi hidup dengan **kepingan diri mereka hilang**. Kegembiraan mereka terbelah. Identiti mereka bertaburan. Mereka terperangkap dalam zon masa emosi - sebahagian daripada mereka terperangkap dalam masa lalu yang menyakitkan, manakala badan terus menua ke hadapan.

Ini adalah **serpihan jiwa** — bahagian emosi, psikologi dan rohani anda yang terputus akibat trauma, gangguan syaitan atau manipulasi sihir.

Sehingga kepingan-kepingan itu dikumpulkan, disembuhkan, dan disepadukan semula melalui Yesus, **kebebasan sejati tetap sukar difahami**.

Amalan Kecurian Jiwa Global

- **Afrika** – Ahli sihir menangkap "pati" orang dalam balang atau cermin.
- **Asia** – Ritual perangkap jiwa oleh guru atau pengamal tantrik.
- **Amerika Latin** - Perpecahan jiwa Shamanic untuk kawalan atau kutukan.
- **Eropah** – Sihir cermin ghaib digunakan untuk memecahkan identiti atau mencuri budi.
- **Amerika Utara** – Trauma daripada pencabulan, pengguguran atau

kekeliruan identiti sering menimbulkan luka dan pemecahan jiwa yang mendalam.

Cerita: *Gadis Yang Tidak Dapat Merasa*
Andrea, 25 tahun dari Sepanyol, telah mengalami bertahun-tahun dicabul oleh ahli keluarga. Walaupun dia telah menerima Yesus, dia tetap mati rasa secara emosi. Dia tidak boleh menangis, mencintai, atau merasakan empati.

Seorang menteri pelawat bertanya kepadanya soalan aneh: "Di manakah anda meninggalkan kegembiraan anda?" Sambil Andrea memejamkan matanya, dia teringat ketika berusia 9 tahun, meringkuk di dalam almari, memberitahu dirinya sendiri, "Saya tidak akan merasai lagi."

Mereka solat bersama. Andrea memaafkan, melepaskan ikrar batin, dan menjemput Yesus ke dalam ingatan khusus itu. Dia menangis tanpa kawalan buat kali pertama dalam beberapa tahun. Hari itu, **jiwanya dipulihkan**.

Pelan Tindakan – Pengambilan Jiwa & Penyembuhan

1. Tanya Roh Kudus: *Di manakah saya kehilangan sebahagian daripada diri saya?*
2. Maafkan sesiapa yang terlibat dalam masa itu, dan **tinggalkan ikrar batin** seperti "Saya tidak akan percaya lagi".
3. Jemput Yesus ke dalam ingatan, dan ucapkan penyembuhan pada saat itu.
4. Berdoa: *"Tuhan, pulihkan jiwaku. Aku memanggil setiap serpihan diriku untuk kembali dan disembuhkan."*

Kitab Suci Utama:

- Mazmur 23:3 – Dia memulihkan jiwa
- Lukas 4:18 – Menyembuhkan yang patah hati
- 1 Tesalonika 5:23 – Roh, jiwa, dan tubuh dipelihara
- Yeremia 30:17 – Penyembuhan bagi orang yang terbuang dan luka

Permohonan Kumpulan

- Pimpin ahli melalui **sesi doa penyembuhan batin yang dibimbing**.

- Tanya: *Adakah terdapat saat dalam hidup anda di mana anda berhenti mempercayai, merasakan, atau bermimpi?*
- Lakonan "kembali ke bilik itu" bersama Yesus dan melihat Dia menyembuhkan luka.
- Minta pemimpin yang dipercayai meletakkan tangan dengan lembut di atas kepala dan mengisytiharkan pemulihan jiwa.

Alat Kementerian: Muzik penyembahan, pencahayaan lembut, tisu, gesaan jurnal.

Wawasan Utama

Pembebasan bukan sekadar mengusir syaitan. Ia **mengumpul serpihan dan memulihkan identiti**.

Jurnal Refleksi

- Apakah peristiwa traumatik yang masih mengawal perasaan atau fikiran saya hari ini?
- Adakah saya pernah berkata, "Saya tidak akan mencintai lagi," atau "Saya tidak boleh mempercayai sesiapa lagi"?
- Apakah rupa "keseluruhan" bagi saya — dan adakah saya bersedia untuk itu?

DOA PEMULIHAN

Yesus, Engkau adalah Gembala jiwaku. Saya membawa kepada-Mu setiap tempat di mana saya telah hancur - oleh ketakutan, rasa malu, kesakitan, atau pengkhianatan. Saya melanggar setiap sumpah batin dan sumpahan yang diucapkan dalam trauma. Saya memaafkan mereka yang mencederakan saya. Kini, saya menyeru setiap cebisan jiwa saya untuk kembali. Pulihkan saya sepenuhnya - roh, jiwa, dan badan. Saya tidak patah selamanya. Aku utuh di dalam Engkau. Dalam nama Yesus. Amin.

HARI 25: SUMPAH ANAK PELIK — APABILA TAKDIR BERTUKAR KETIKA LAHIR

"*Anak-anak mereka adalah anak-anak asing: kini sebulan akan memakan mereka dengan bahagian mereka.*" — Hosea 5:7

"*Sebelum Aku membentuk engkau dalam kandungan, Aku telah mengenal engkau...*" — Yeremia 1:5

Tidak setiap kanak-kanak yang dilahirkan di dalam rumah dimaksudkan untuk rumah itu.

Tidak setiap kanak-kanak yang membawa DNA anda membawa warisan anda.

Musuh telah lama menggunakan **kelahiran sebagai medan pertempuran** — bertukar nasib, menanam keturunan palsu, memulakan bayi ke dalam perjanjian gelap, dan mengganggu rahim sebelum pembuahan bermula.

Ini bukan hanya masalah fizikal. Ia adalah **transaksi rohani** — melibatkan mazbah, korban, dan undang-undang setan.

Apakah Kanak-Kanak Pelik?

"Kanak-kanak aneh" ialah:

- Kanak-kanak yang dilahirkan melalui dedikasi ghaib, ritual, atau perjanjian seksual.
- Keturunan bertukar semasa lahir (sama ada secara rohani atau fizikal).
- Kanak-kanak yang membawa tugasan gelap ke dalam keluarga atau keturunan.
- Jiwa-jiwa yang ditangkap dalam rahim melalui ilmu sihir, necromancy, atau altar generasi.

Ramai kanak-kanak membesar dalam pemberontakan, ketagihan, kebencian terhadap ibu bapa atau diri sendiri — bukan sahaja dari keibubapaan yang buruk tetapi kerana **siapa yang mendakwa mereka secara rohani semasa lahir**.

UNGKAPAN GLOBAL

- **Afrika** – Pertukaran rohani di hospital, pencemaran rahim melalui roh marin atau seks ritual.
- **India** - Kanak-kanak dimulakan ke kuil atau takdir berasaskan karma sebelum dilahirkan.
- **Haiti & Amerika Latin** – Dedikasi Santeria, kanak-kanak dikandung di atas altar atau selepas jampi.
- **Negara Barat** – Amalan IVF dan surrogacy kadangkala terikat dengan kontrak ghaib atau keturunan penderma; pengguguran yang membiarkan pintu rohani terbuka.
- **Budaya Orang Asli Seluruh Dunia** – Upacara penamaan roh atau pemindahan identiti totemik.

Cerita: *Bayi Yang Berjiwa Salah*

Clara, seorang jururawat dari Uganda, berkongsi bagaimana seorang wanita membawa bayinya yang baru lahir ke mesyuarat doa. Kanak-kanak itu terus-menerus menjerit, menolak susu, dan bertindak balas dengan ganas terhadap doa.

Satu perkataan nubuatan mendedahkan bayi itu telah "ditukar" dalam roh semasa lahir. Ibu itu mengaku seorang ahli sihir telah mendoakan perutnya ketika dia terdesak untuk mendapatkan anak.

Melalui pertobatan dan doa pembebasan yang kuat, bayi itu menjadi lemas, kemudian menjadi tenang. Kanak-kanak itu kemudiannya berkembang maju - menunjukkan tanda-tanda keamanan dan perkembangan yang dipulihkan.

Tidak semua penderitaan pada kanak-kanak adalah semula jadi. Ada yang merupakan **tugasan dari konsepsi**.

Pelan Tindakan – Menuntut Semula Takdir Rahim

1. Jika anda seorang ibu bapa, **dedikasikan semula anak anda kepada Yesus Kristus** .
2. Menolak sebarang kutukan, dedikasi, atau perjanjian pranatal — walaupun tanpa disedari dibuat oleh nenek moyang.
3. Bercakap terus kepada roh anak anda dalam doa: *"Kamu milik Tuhan. Nasib kamu dipulihkan."*
4. Jika tidak mempunyai anak, berdoalah untuk rahim anda, menolak segala bentuk manipulasi rohani atau gangguan.

Kitab Suci Utama:

- Hosea 9:11–16 – Penghakiman terhadap benih yang asing
- Yesaya 49:25 – Bertengkar demi anak-anakmu
- Lukas 1:41 – Anak-anak yang dipenuhi roh sejak dalam kandungan
- Mazmur 139:13–16 – Rancangan yang disengajakan Tuhan dalam rahim

Penglibatan Kumpulan

- Minta ibu bapa membawa nama atau gambar anak-anak mereka.
- Isytiharkan setiap nama: "Identiti anak anda dipulihkan. Setiap tangan pelik dipotong."
- Berdoa untuk pembersihan rahim rohani untuk semua wanita (dan lelaki sebagai pembawa benih rohani).
- Gunakan persekutuan untuk melambangkan menuntut semula takdir keturunan.

Alat Kementerian: Komuni, minyak urapan, nama bercetak atau barang bayi (pilihan).

Wawasan Utama

Syaitan menyasarkan rahim kerana **di situlah para nabi, pejuang, dan takdir terbentuk** . Tetapi setiap kanak-kanak boleh dituntut semula melalui Kristus.

Jurnal Refleksi

- Adakah saya pernah mengalami mimpi aneh semasa mengandung atau selepas bersalin?
- Adakah anak-anak saya bergelut dengan cara yang kelihatan tidak wajar?
- Adakah saya bersedia untuk menghadapi asal-usul rohani pemberontakan atau penangguhan generasi?

Doa Penambakan

Bapa, aku membawa rahimku, benihku, dan anak-anakku ke mezbah-Mu. Saya bertaubat untuk mana-mana pintu - diketahui atau tidak diketahui - yang memberi akses kepada musuh. Saya memecahkan setiap kutukan, dedikasi, dan tugasan syaitan yang terikat dengan anak-anak saya. Aku berkata tentang mereka: Kamu kudus, terpilih, dan dimeteraikan untuk kemuliaan Tuhan. Nasib anda telah ditebus. Dalam nama Yesus. Amin.

HARI 26: ALTAR KUASA TERSEMBUNYI — MEMECAHKAN DARI PERJANJIAN GHAIB ELITE

"*Sekali lagi Iblis membawa Dia ke sebuah gunung yang sangat tinggi dan memperlihatkan kepada-Nya semua kerajaan dunia dan kemuliaan mereka. 'Semua ini akan kuberikan kepada-Mu,' katanya, 'jika Engkau sujud menyembah aku.'*" — Matius 4:8–9

Ramai beranggapan kuasa syaitan hanya terdapat dalam ritual ruang belakang atau kampung gelap. Tetapi beberapa perjanjian yang paling berbahaya tersembunyi di sebalik sut yang digilap, kelab elit, dan pengaruh pelbagai generasi.

Ini adalah **mezbah kuasa** — dibentuk oleh sumpah darah, inisiasi, simbol rahsia, dan ikrar diucapkan yang mengikat individu, keluarga, dan juga seluruh negara kepada kekuasaan Lucifer. Dari Freemasonry ke upacara Kabbalistik, dari permulaan bintang Timur ke sekolah misteri Mesir dan Babylon kuno — mereka menjanjikan pencerahan tetapi memberikan perhambaan.

Sambungan Global

- **Eropah & Amerika Utara** – Freemasonry, Rosicrucianism, Order of the Golden Dawn, Skull & Bones, Bohemian Grove, inisiasi Kabbalah.
- **Afrika** – Pakatan darah politik, tawar-menawar semangat nenek moyang untuk pemerintahan, pakatan sihir peringkat tinggi.
- **Asia** - Masyarakat yang diterangi, pakatan semangat naga, dinasti keturunan yang terikat dengan ilmu sihir kuno.
- **Amerika Latin** – Santeria Politik, perlindungan ritual berkaitan kartel, pakatan yang dibuat untuk kejayaan dan imuniti.
- **Timur Tengah** - Upacara Babylonia Purba, Assyria diturunkan di

bawah samaran agama atau diraja.

Testimoni – Cucu Seorang Freemason Mendapat Kebebasan

Carlos, dibesarkan dalam keluarga yang berpengaruh di Argentina, tidak pernah tahu bahawa datuknya telah mencapai tahap ke-33 Freemasonry. Manifestasi aneh telah melanda hidupnya — lumpuh tidur, sabotaj hubungan, dan ketidakupayaan yang konsisten untuk membuat kemajuan, tidak kira betapa kerasnya dia mencuba.

Selepas menghadiri pengajaran pembebasan yang mendedahkan hubungan ghaib elit, dia berhadapan dengan sejarah keluarganya dan menemui pakaian mason dan jurnal tersembunyi. Semasa puasa tengah malam, dia meninggalkan setiap perjanjian darah dan mengisytiharkan kebebasan dalam Kristus. Minggu itu juga, dia menerima kejayaan pekerjaan yang dia tunggu selama bertahun-tahun.

Mezbah peringkat tinggi mencipta tentangan peringkat tinggi — tetapi **darah Yesus** bercakap lebih kuat daripada sumpah atau upacara apa pun.

Pelan Tindakan – Mendedahkan Pondok Tersembunyi

1. **Siasat** : Adakah terdapat pertalian masonik, esoterik atau rahsia dalam keturunan anda?
2. **Menolak** setiap perjanjian yang diketahui dan tidak diketahui menggunakan perisytiharan berdasarkan Matius 10:26–28.
3. **Bakar atau keluarkan** sebarang simbol ghaib: piramid, mata yang melihat semua, kompas, obelisk, cincin atau jubah.
4. **Berdoa dengan kuat** :

"Saya melanggar setiap perjanjian tersembunyi dengan pertubuhan rahsia, kultus ringan, dan persaudaraan palsu. Saya hanya melayani Tuhan Yesus Kristus."

Permohonan Kumpulan

- Minta ahli menulis sebarang hubungan ghaib elit yang diketahui atau disyaki.
- Pimpin **tindakan simbolik memotong ikatan** — mengoyakkan kertas, membakar imej atau mengurapi dahi mereka sebagai meterai

pemisah.
- Gunakan **Mazmur 2** untuk mengisytiharkan pecahnya konspirasi kebangsaan dan keluarga terhadap orang yang diurapi Tuhan.

Wawasan Utama

Cengkaman syaitan yang paling hebat selalunya ditutupi dengan kerahsiaan dan prestij. Kebebasan sejati bermula apabila anda mendedahkan, meninggalkan, dan menggantikan mezbah tersebut dengan penyembahan dan kebenaran.

Jurnal Refleksi

- Adakah saya telah mewarisi kekayaan, kuasa, atau peluang yang secara rohani merasai "kehilangan"?
- Adakah terdapat hubungan rahsia dalam keturunan saya yang telah saya abaikan?
- Apakah kos saya untuk memutuskan akses yang tidak bertuhan kepada kuasa - dan adakah saya sanggup?

Doa Pembebasan

Bapa, saya keluar dari setiap pondok tersembunyi, mezbah, dan perjanjian - atas nama saya atau bagi pihak keturunan saya. Saya memutuskan setiap ikatan jiwa, setiap ikatan darah, dan setiap sumpah yang dibuat secara sedar atau tidak. Yesus, Engkaulah satu-satunya Cahayaku, satu-satunya Kebenaranku, dan satu-satunya penutupku. Biarkan api-Mu memakan setiap pautan yang jahat kepada kuasa, pengaruh, atau penipuan. Saya menerima kebebasan sepenuhnya, dalam nama Yesus. Amin.

HARI 27: PAKATAN TIDAK SUCI — FREEMASONRY, ILUMINATI & PENYUSUSIAN ROHANI

"*Jangan ada kaitan dengan perbuatan kegelapan yang sia-sia, tetapi lebih baik mendedahkannya.*" — Efesus 5:11
"*Kamu tidak boleh minum cawan Tuhan dan juga cawan roh-roh jahat.*" — 1 Korintus 10:21

Terdapat pertubuhan rahsia dan rangkaian global yang menampilkan diri mereka sebagai organisasi persaudaraan yang tidak berbahaya — menawarkan amal, perhubungan atau pencerahan. Tetapi di sebalik tirai terdapat sumpah yang lebih dalam, ritual darah, ikatan jiwa, dan lapisan doktrin Luciferian yang diselubungi "cahaya".

Freemasonry, Illuminati, Eastern Star, Skull and Bones, dan rangkaian saudara mereka bukan sekadar kelab sosial. Mereka adalah mezbah kesetiaan - beberapa sejak berabad-abad lalu - direka untuk menyusup secara rohani kepada keluarga, kerajaan, dan juga gereja.

Jejak Global

- **Amerika Utara & Eropah** – Kuil Freemasonry, rumah persinggahan Scottish Rite, Yale's Skull & Bones.
- **Afrika** – Inisiasi politik dan diraja dengan upacara masonik, pakatan darah untuk perlindungan atau kuasa.
- **Asia** – Sekolah Kabbalah bertopeng sebagai pencerahan mistik, upacara biara rahsia.
- **Amerika Latin** – Perintah elit tersembunyi, Santeria bergabung dengan pengaruh elit dan pakatan darah.
- **Timur Tengah** – Pertubuhan rahsia Babylonia purba terikat dengan struktur kuasa dan penyembahan cahaya palsu.

RANGKAIAN INI SELALUNYA:

- Memerlukan darah atau sumpah yang diucapkan.
- Gunakan simbol ghaib (kompas, piramid, mata).
- Menjalankan upacara untuk menyeru atau mengabdikan jiwa seseorang kepada perintah.
- Berikan pengaruh atau kekayaan sebagai pertukaran untuk kawalan rohani.

Testimoni – Pengakuan Seorang Uskup

Seorang uskup di Afrika Timur mengaku di hadapan gerejanya bahawa dia pernah menyertai Freemasonry di peringkat rendah semasa universiti — semata-mata untuk "hubungan". Tetapi apabila dia naik pangkat, dia mula melihat keperluan aneh: sumpah senyap, upacara dengan penutup mata dan simbol, dan "cahaya" yang membuat kehidupan doanya sejuk. Dia berhenti bermimpi. Dia tidak boleh membaca Kitab Suci.

Selepas bertaubat dan secara terbuka mengecam setiap pangkat dan ikrar, kabus rohani telah terangkat. Hari ini, dia memberitakan Kristus dengan berani, mendedahkan apa yang pernah dia sertai. Rantai itu tidak kelihatan — sehingga putus.

Pelan Tindakan – Memecah Pengaruh Freemasonry & Secret Society

1. **Kenal pasti** sebarang penglibatan peribadi atau keluarga dengan Freemasonry, Rosicrucianism, Kabbalah, Tengkorak dan Tulang, atau perintah rahsia yang serupa.
2. **Meninggalkan setiap peringkat atau tahap permulaan**, dari 1 hingga 33 atau lebih tinggi, termasuk semua ritual, token dan sumpah. (Anda mungkin menemui pelepasan pelepasan berpandu dalam talian.)
3. **Berdoa dengan berwibawa** :

"Saya memutuskan setiap ikatan jiwa, perjanjian darah, dan sumpah yang dibuat kepada pertubuhan rahsia - oleh saya atau bagi pihak saya. Saya menuntut semula jiwa saya untuk Yesus Kristus!"

1. **Musnahkan item simbolik** : pakaian, buku, sijil, cincin atau imej berbingkai.
2. **Isytiharkan** kebebasan menggunakan:
   - *Galatia 5:1*
   - *Mazmur 2:1–6*
   - *Yesaya 28:15–18*

Permohonan Kumpulan

- Minta kumpulan itu menutup mata mereka dan minta Roh Kudus mendedahkan sebarang pertalian rahsia atau pertalian keluarga.
- Penolakan korporat: lakukan doa untuk mengecam setiap hubungan yang diketahui atau tidak diketahui dengan perintah elit.
- Gunakan persekutuan untuk menutup perpecahan dan menyelaraskan semula perjanjian kepada Kristus.
- Urap kepala dan tangan — memulihkan kejernihan fikiran dan pekerjaan suci.

Wawasan Utama

Apa yang dunia panggil "elit," Tuhan boleh panggil kekejian. Tidak semua pengaruh adalah suci - dan tidak semua cahaya adalah Cahaya. Tidak ada perkara seperti kerahsiaan yang tidak berbahaya apabila ia melibatkan sumpah rohani.

Jurnal Refleksi

- Adakah saya telah menjadi sebahagian daripada, atau ingin tahu tentang, perintah rahsia atau kumpulan pencerahan mistik?
- Adakah terdapat bukti kebutaan rohani, genangan, atau kesejukan dalam iman saya?
- Adakah saya perlu menghadapi penglibatan keluarga dengan keberanian dan rahmat?

Doa Kebebasan

Tuhan Yesus, aku datang di hadapan-Mu sebagai satu-satunya Terang yang benar. Saya meninggalkan setiap seri, setiap sumpah, setiap cahaya palsu, dan setiap perintah tersembunyi yang menuntut saya. Saya memutuskan Freemasonry, kongsi gelap, persaudaraan purba, dan setiap ikatan rohani yang dikaitkan dengan kegelapan. Saya mengisytiharkan bahawa saya berada di bawah darah Yesus sahaja - dimeteraikan, diserahkan, dan bebas. Biarkan Roh-Mu membakar semua sisa perjanjian ini. Dalam nama Yesus, amin.

HARI 28: KABBALAH, GRIDS TENAGA & PUSAT "CAHAYA" MISTIK

"*Sebab Iblis sendiri menyamar sebagai malaikat terang.*" — 2 Korintus 11:14

"*Terang di dalam kamu adalah kegelapan, betapa dalam kegelapan itu!*" — Lukas 11:35

Dalam zaman yang terobsesi dengan pencerahan rohani, ramai yang secara tidak sedar menyelami amalan Kabbalistik kuno, penyembuhan tenaga, dan ajaran cahaya mistik yang berakar umbi dalam doktrin ghaib. Ajaran ini sering menyamar sebagai "mistisisme Kristian," "kebijaksanaan Yahudi," atau "kerohanian berasaskan sains" - tetapi ia berasal dari Babylon, bukan Zion.

Kabbalah bukan sekadar sistem falsafah Yahudi; ia adalah matriks rohani yang dibina di atas kod rahsia, pancaran ketuhanan (Sefirot) dan laluan esoterik. Ini adalah penipuan menggoda yang sama di sebalik tarot, numerologi, portal zodiak dan grid New Age.

Ramai selebriti, pengaruh dan mogul perniagaan memakai tali merah, bermeditasi dengan tenaga kristal, atau mengikuti Zohar tanpa mengetahui mereka terlibat dalam sistem perangkap rohani yang tidak kelihatan.

Keterlibatan Global

- **Amerika Utara** – Pusat Kabbalah yang menyamar sebagai ruang kesihatan; meditasi tenaga berpandu.
- **Eropah** - Kabbalah Druidic dan agama Kristian esoterik diajar dalam perintah rahsia.
- **Afrika** - Kultus kemakmuran mencampurkan kitab suci dengan numerologi dan portal tenaga.
- **Asia** – Penyembuhan chakra dijenamakan semula sebagai "pengaktifan cahaya" sejajar dengan kod universal.

- **Amerika Latin** - Orang suci bercampur dengan malaikat agung Kabbalistik dalam Katolik mistik.

Ini adalah rayuan cahaya palsu — di mana pengetahuan menjadi tuhan dan iluminasi menjadi penjara.

Testimoni Sebenar – Melarikan diri dari "Perangkap Cahaya"

Marisol, seorang jurulatih perniagaan Amerika Selatan, menyangka dia telah menemui kebijaksanaan sebenar melalui numerologi dan "aliran tenaga ilahi" daripada mentor Kabbalistik. Mimpinya menjadi jelas, penglihatannya tajam. Tetapi ketenangannya? hilang. hubungan dia? Runtuh.

Dia mendapati dirinya diseksa oleh makhluk berbayang dalam tidurnya, walaupun dia "solat ringan" setiap hari. Seorang rakan menghantarnya kesaksian video tentang seorang bekas ahli mistik yang bertemu dengan Yesus. Malam itu, Marisol memanggil Yesus. Dia melihat cahaya putih yang menyilaukan - bukan mistik, tetapi tulen. Damai kembali. Dia memusnahkan bahan-bahannya dan memulakan perjalanan pembebasannya. Hari ini, dia menjalankan platform pementoran berpusatkan Kristus untuk wanita yang terperangkap dalam penipuan rohani.

Pelan Tindakan – Menanggalkan Pencahayaan Palsu

1. **Audit** pendedahan anda: Pernahkah anda membaca buku mistik, mengamalkan penyembuhan tenaga, mengikuti horoskop atau memakai tali merah?
2. **Bertaubat** kerana mencari terang di luar Kristus.
3. **Putuskan hubungan** dengan:
    - Ajaran Kabbalah/Zohar
    - Ubat tenaga atau pengaktifan cahaya
    - Seruan malaikat atau penyahkodan nama
    - Geometri suci, numerologi atau "kod"
4. **Berdoa dengan kuat** :

"Yesus, Engkau adalah Terang dunia. Saya meninggalkan setiap terang palsu, setiap ajaran ghaib, dan setiap perangkap mistik. Saya kembali kepada-Mu sebagai satu-satunya sumber kebenaran saya!"

1. **Kitab Suci untuk Diisytiharkan :**
   - Yohanes 8:12
   - Ulangan 18:10–12
   - Yesaya 2:6
   - 2 Korintus 11:13–15

Permohonan Kumpulan

- Tanya: Pernahkah anda (atau keluarga) mengambil bahagian atau terdedah kepada Zaman Baru, numerologi, Kabbalah, atau ajaran "cahaya" mistik?
- Penolakan kumpulan cahaya palsu dan dedikasi semula kepada Yesus sebagai satu-satunya Cahaya.
- Gunakan imej garam dan cahaya — berikan setiap peserta secubit garam dan sebatang lilin untuk menyatakan, "Saya adalah garam dan terang dalam Kristus sahaja."

Wawasan Utama

Tidak semua cahaya itu suci. Apa yang menerangi di luar Kristus akhirnya akan memakan.

Jurnal Refleksi

- Adakah saya telah mencari pengetahuan, kuasa, atau penyembuhan di luar Firman Tuhan?
- Apakah alat atau ajaran rohani yang perlu saya buang?
- Adakah sesiapa yang telah saya perkenalkan kepada Zaman Baharu atau amalan "ringan" yang kini perlu saya pandu kembali?

Doa Pembebasan

Bapa, saya tidak bersetuju dengan setiap roh cahaya palsu, mistik, dan pengetahuan rahsia. Saya meninggalkan Kabbalah, numerologi, geometri suci, dan setiap kod gelap menyamar sebagai cahaya. Saya menyatakan Yesus adalah Terang hidup saya. Saya pergi dari jalan penipuan dan melangkah ke kebenaran. Bersihkan aku dengan api-Mu dan penuhilah aku dengan Roh Kudus. Dalam nama Yesus. Amin.

HARI 29: TUDUNG ILUMINATI — MEMBUKA RANGKAIAN GHAIB ELITE

"*Raja-raja di bumi bangkit dan para penguasa berkumpul melawan Tuhan dan Yang Diurapi-Nya.*" — Mazmur 2:2

"*Tidak ada yang tersembunyi yang tidak akan dinyatakan, dan tidak ada yang tersembunyi yang tidak akan dinyatakan.*" — Lukas 8:17

Terdapat dunia dalam dunia kita. Tersembunyi di depan mata.

Daripada Hollywood kepada kewangan yang tinggi, daripada koridor politik kepada empayar muzik, rangkaian pakatan gelap dan kontrak rohani mengawal sistem yang membentuk budaya, pemikiran dan kuasa. Ia lebih daripada konspirasi — ia adalah pemberontakan purba yang dibungkus semula untuk peringkat moden.

Illuminati, pada terasnya, bukan sekadar masyarakat rahsia — ia adalah agenda Luciferian. Piramid rohani di mana mereka yang berada di atas berikrar taat setia melalui darah, ritual, dan pertukaran jiwa, selalunya dibalut dengan simbol, fesyen dan budaya pop untuk menyejukkan orang ramai.

Ini bukan tentang paranoia. Ia mengenai kesedaran.

KISAH NYATA – PERJALANAN dari Kemasyhuran Menuju Iman

Marcus ialah penerbit muzik yang sedang meningkat naik di AS Apabila hit utama ketiganya melepasi carta, dia diperkenalkan dengan kelab eksklusif — lelaki dan wanita berkuasa, "mentor" rohaniah, kontrak yang dirahsiakan. Pada mulanya, ia kelihatan seperti mentor elit. Kemudian datang sesi "seruan" - bilik gelap, lampu merah, nyanyian dan ritual cermin. Dia mula mengalami perjalanan luar badan, suara membisikkan lagu kepadanya pada waktu malam.

Suatu malam, di bawah pengaruh dan siksaan, dia cuba mengambil nyawanya. Tetapi Yesus campur tangan. Syafaat nenek yang berdoa membuahkan hasil. Dia melarikan diri, meninggalkan sistem, dan memulakan perjalanan pembebasan yang panjang. Hari ini, dia mendedahkan kegelapan industri melalui muzik yang memberi kesaksian kepada cahaya.

SISTEM KAWALAN TERSEMBUNYI

- **Pengorbanan Darah & Ritual Seks** – Permulaan menjadi kuasa memerlukan pertukaran: badan, darah, atau tidak bersalah.
- **Pengaturcaraan Minda (corak MK Ultra)** – Digunakan dalam media, muzik, politik untuk mencipta identiti dan pengendali yang retak.
- **Simbolisme** – Mata piramid, burung phoenix, lantai papan dam, burung hantu dan bintang terbalik – pintu masuk kesetiaan.
- **Doktrin Luciferian** – "Lakukan apa yang kamu kehendaki," "Jadilah tuhanmu sendiri," " Pencerahan Pembawa Cahaya ."

Pelan Tindakan – Melepaskan Diri daripada Web Elit

1. **Bertaubat** kerana mengambil bahagian dalam mana-mana sistem yang terikat dengan pemerkasaan ghaib, walaupun tanpa disedari (muzik, media, kontrak).
2. **Menolak** kemasyhuran walau apa pun, perjanjian tersembunyi atau terpesona dengan gaya hidup elit.
3. **Berdoa untuk** setiap kontrak, jenama atau rangkaian yang anda sertai. Mintalah Roh Kudus untuk mendedahkan ikatan yang tersembunyi.
4. **Istiharkan dengan kuat** :

"Saya menolak setiap sistem, sumpah, dan simbol kegelapan. Saya milik Kerajaan Cahaya. Jiwa saya bukan untuk dijual!"

1. **Anchor Scriptures** :
    - Yesaya 28:15–18 – Perjanjian dengan kematian tidak akan berlaku

- Mazmur 2 – Tuhan mentertawakan konspirasi jahat
- 1 Korintus 2:6–8 – Penguasa zaman ini tidak memahami hikmat Tuhan

PERMOHONAN KUMPULAN

- Pimpin kumpulan dalam sesi **pembersihan simbol** — bawa imej atau logo yang ditanya oleh peserta.
- Galakkan orang ramai untuk berkongsi tempat mereka melihat papan tanda Illuminati dalam budaya pop, dan cara ia membentuk pandangan mereka.
- Jemput peserta untuk **menyerahkan semula pengaruh mereka** (muzik, fesyen, media) kepada tujuan Kristus.

Wawasan Utama

Penipuan yang paling kuat adalah yang bersembunyi dalam glamor. Tetapi apabila topeng ditanggalkan, rantai itu putus.

Jurnal Refleksi

- Adakah saya tertarik dengan simbol atau pergerakan yang saya tidak faham sepenuhnya?
- Adakah saya telah membuat ikrar atau perjanjian untuk mengejar pengaruh atau kemasyhuran?
- Apakah bahagian pemberian atau platform saya yang perlu saya serahkan semula kepada Tuhan?

Doa Kebebasan

Bapa, saya menolak setiap struktur tersembunyi, sumpah, dan pengaruh Illuminati dan ilmu ghaib elit. Saya meninggalkan kemasyhuran tanpa-Mu, kuasa tanpa tujuan, dan pengetahuan tanpa Roh Kudus. Saya membatalkan setiap perjanjian darah atau perkataan yang pernah dibuat ke atas saya, secara sedar atau tidak. Yesus, saya menobatkan Engkau sebagai Tuhan atas fikiran, karunia, dan takdir saya. Dedahkan dan musnahkan setiap rantai yang tidak kelihatan. Dalam nama-Mu aku bangkit, dan aku berjalan dalam terang. Amin.

HARI 30: SEKOLAH MISTERI — RAHSIA KUNO, PERIKAT MODEN

"*Tenggorokan mereka adalah kubur yang terbuka, lidah mereka menipu, racun ular beludak ada di bibir mereka.*" — Roma 3:13

"*Janganlah kamu menyebut segala yang disebut komplotan bangsa ini sebagai persekongkolan, janganlah takut akan apa yang mereka takuti... Tuhan Yang Maha Kuasa ialah Dialah yang harus kamu anggap sebagai kudus...*" — Yesaya 8:12–13

Jauh sebelum Illuminati, terdapat sekolah misteri purba - Mesir, Babylon, Greece, Parsi - direka bukan sahaja untuk menyampaikan "pengetahuan," tetapi untuk membangkitkan kuasa ghaib melalui ritual gelap. Hari ini, sekolah-sekolah ini dibangkitkan di universiti elit, retret rohani, kem "kesedaran", walaupun melalui kursus latihan dalam talian yang bertopeng sebagai pembangunan peribadi atau kebangkitan kesedaran peringkat tinggi.

Dari kalangan Kabbalah hingga Theosophy, Hermetic Orders, dan Rosicrucianism — matlamatnya adalah sama: "menjadi seperti tuhan-tuhan," membangkitkan kuasa terpendam tanpa penyerahan kepada Tuhan. Nyanyian tersembunyi, geometri suci, unjuran astral, membuka kunci kelenjar pineal, dan upacara upacara membawa ramai ke dalam perhambaan rohani di bawah samaran "cahaya."

Tetapi setiap "cahaya" yang tidak berakar pada Yesus adalah cahaya palsu. Dan setiap sumpah yang tersembunyi mesti dilanggar.

Kisah Nyata – Dari Adept kepada Terbengkalai

Sandra*, jurulatih kesihatan Afrika Selatan, telah dimulakan menjadi pesanan misteri Mesir melalui program bimbingan. Latihan itu termasuk penjajaran chakra, meditasi matahari, ritual bulan, dan skrol kebijaksanaan kuno. Dia mula mengalami "muat turun" dan "kenaikan", tetapi tidak lama kemudian ia bertukar menjadi serangan panik, lumpuh tidur dan episod membunuh diri.

Apabila seorang menteri pembebasan mendedahkan sumber itu, Sandra menyedari jiwanya ditambat melalui ikrar dan kontrak rohani. Menolak perintah itu bermakna kehilangan pendapatan dan hubungan — tetapi dia memperoleh kebebasannya. Hari ini, dia menjalankan pusat penyembuhan yang berpusat pada Kristus, memberi amaran kepada orang lain tentang penipuan Zaman Baru.

Thread Biasa Sekolah Misteri Hari Ini

- **Bulatan Kabbalah** - mistik Yahudi bercampur dengan numerologi, penyembahan malaikat, dan pesawat astral.
- **Hermeticism** - "Seperti di atas, jadi di bawah" doktrin; memperkasakan jiwa untuk memanipulasi realiti.
- **Rosicrucians** - Perintah rahsia yang terikat dengan transformasi alkimia dan kenaikan semangat.
- **Freemasonry & Esoterik Fraternities** – Perkembangan berlapis menjadi cahaya tersembunyi; setiap darjat terikat dengan sumpah dan ritual.
- **Retret Rohani** - Upacara "pencerahan" psikedelik dengan bomoh atau "pembimbing."

Pelan Tindakan – Memecah Kuk Purba

1. **Menolak** semua perjanjian yang dibuat melalui inisiasi, kursus, atau kontrak rohani di luar Kristus.
2. **Batalkan** kuasa setiap sumber "cahaya" atau "tenaga" yang tidak berakar pada Roh Kudus.
3. **Bersihkan** rumah anda daripada simbol: ankh, mata Horus, geometri suci, mezbah, kemenyan, patung atau buku ritual.
4. **Nyatakan dengan kuat** :

"Saya menolak setiap jalan purba dan moden kepada cahaya palsu. Saya tunduk kepada Yesus Kristus, Terang yang benar. Setiap sumpah rahsia dilanggar oleh darah-Nya."

ANCHOR SCRIPTURES

- Kolose 2:8 – Tiada falsafah kosong dan menipu
- Yohanes 1:4–5 – Terang yang benar bersinar dalam kegelapan
- 1 Korintus 1:19–20 – Tuhan memusnahkan hikmat orang bijak

PERMOHONAN KUMPULAN

- Anjurkan malam simbolik "membakar gulungan" (Kisah 19:19) — di mana ahli kumpulan membawa dan memusnahkan mana-mana buku, perhiasan, barang-barang ghaib.
- Berdoa untuk orang yang telah "memuat turun" pengetahuan aneh atau membuka chakra mata ketiga melalui meditasi.
- Jalankan peserta melalui doa **"pemindahan cahaya"** — meminta Roh Kudus untuk mengambil alih setiap kawasan yang sebelum ini diserahkan kepada cahaya ghaib.

WAWASAN UTAMA

Tuhan tidak menyembunyikan kebenaran dalam teka-teki dan ritual - Dia mendedahkannya melalui Anak-Nya. Berhati-hati dengan "cahaya" yang menarik anda ke dalam kegelapan.

JURNAL REFLEKSI

- Adakah saya telah menyertai mana-mana sekolah dalam talian atau fizikal yang menjanjikan kebijaksanaan purba, pengaktifan, atau kuasa misteri?
- Adakah terdapat buku, simbol atau ritual yang pernah saya anggap tidak berbahaya tetapi kini berasa disabitkan?

- Di manakah saya telah mencari pengalaman rohani lebih daripada hubungan dengan Tuhan?

Doa Pembebasan

Tuhan Yesus, Engkaulah Jalan, Kebenaran, dan Terang. Saya bertaubat untuk setiap jalan yang saya lalui yang melepasi Firman-Mu. Saya meninggalkan semua sekolah misteri, perintah rahsia, sumpah, dan inisiasi. Saya memutuskan ikatan jiwa dengan semua pemandu, guru, roh, dan sistem yang berakar umbi dalam penipuan purba. Pancarkan cahaya-Mu di setiap tempat tersembunyi hatiku dan penuhilah aku dengan kebenaran Roh-Mu. Dalam nama Yesus, saya berjalan bebas. Amin.

HARI 31: KABBALAH, GEOMETRI SUCI & PENIPUAN CAHAYA ELITE

"*Sebab Iblis sendiri menyamar menjadi malaikat terang.*" — 2 Korintus 11:14

"*Hal-hal yang tersembunyi adalah kepunyaan Tuhan, Allah kita, tetapi yang dinyatakan ialah kepunyaan kita...*" — Ulangan 29:29

Dalam pencarian kita untuk pengetahuan rohani, terdapat bahaya - tarikan "kebijaksanaan tersembunyi" yang menjanjikan kuasa, cahaya, dan keilahian selain daripada Kristus. Daripada kalangan selebriti hingga rumah persinggahan rahsia, dari seni hingga seni bina, corak penipuan menjalin ke seluruh dunia, menarik pencari ke dalam web esoterik **Kabbalah**, **geometri suci** dan **ajaran misteri**.

Ini bukan penerokaan intelektual yang tidak berbahaya. Mereka adalah pintu masuk ke dalam perjanjian rohani dengan malaikat yang jatuh menyamar sebagai cahaya.

MANIFESTASI GLOBAL

- **Hollywood & Industri Muzik** – Ramai selebriti secara terbuka memakai gelang Kabbalah atau simbol suci tatu (seperti Pohon Kehidupan) yang menjejak kembali ke mistisisme Yahudi ghaib.
- **Fesyen & Seni Bina** – Reka bentuk Masonik dan corak geometri suci (Bunga Kehidupan, heksagram, Mata Horus) disematkan ke dalam pakaian, bangunan dan seni digital.
- **Timur Tengah & Eropah** – Pusat pengajian Kabbalah berkembang pesat di kalangan golongan elit, sering mencampurkan mistik dengan numerologi, astrologi dan doa malaikat.

- **Bulatan Zaman Dalam Talian & Baharu Seluruh Dunia** – YouTube, TikTok dan podcast menormalkan " kod ringan," "portal tenaga," "3–6–9 getaran" dan ajaran "matriks ketuhanan" berdasarkan geometri suci dan rangka kerja Kabbalistik.

Kisah Nyata — Apabila Cahaya Menjadi Pembohongan

Jana, 27 tahun dari Sweden, mula meneroka Kabbalah selepas mengikuti penyanyi kegemarannya yang memujinya untuk "kebangkitan kreatif"nya. Dia membeli gelang tali merah, mula bermeditasi dengan mandala geometri, dan mempelajari nama malaikat daripada teks Ibrani kuno.

Keadaan mula berubah. Mimpinya bertukar pelik. Dia akan merasakan makhluk di sebelahnya dalam tidurnya, membisikkan kebijaksanaan - dan kemudian menuntut darah. Bayang-bayang mengikutinya, namun dia mendambakan lebih banyak cahaya.

Akhirnya, dia terjumpa video pembebasan dalam talian dan menyedari siksaannya bukanlah kenaikan rohani, tetapi penipuan rohani. Selepas enam bulan sesi pembebasan, berpuasa, dan membakar setiap objek Kabbalistik di rumahnya, kedamaian mula kembali. Dia kini memberi amaran kepada orang lain melalui blognya: "Cahaya palsu hampir memusnahkan saya."

MEMAHAMI JALAN

Kabbalah, walaupun kadang-kadang berpakaian dalam jubah keagamaan, menolak Yesus Kristus sebagai satu-satunya jalan kepada Tuhan. Ia sering mengangkat **"diri ketuhanan"**, menggalakkan **penyaluran** dan **kenaikan pokok kehidupan**, dan menggunakan **mistik matematik** untuk memanggil kuasa. Amalan-amalan ini membuka **pintu rohani** — bukan ke syurga, tetapi kepada entiti yang menyamar sebagai pembawa cahaya.

Banyak doktrin Kabbalistik bersilang dengan:

- Freemasonry
- Rosicrucianisme
- Gnostikisme
- Kultus pencerahan Luciferian

Penyebut biasa? Mengejar keilahian tanpa Kristus.

Pelan Tindakan – Mendedahkan & Mengusir Cahaya Palsu

1. **Bertaubat** dari setiap pertunangan dengan Kabbalah, numerologi, geometri suci, atau ajaran "sekolah misteri".
2. **Musnahkan objek** di rumah anda yang dikaitkan dengan amalan ini — mandala, altar, teks Kabbalah, grid kristal, perhiasan simbol suci.
3. **Meninggalkan roh cahaya palsu** (cth, Metatron, Raziel, Shekinah dalam bentuk mistik) dan perintah setiap malaikat palsu untuk pergi.
4. **Tenggelamkan diri** dalam kesederhanaan dan kecukupan Kristus (2 Korintus 11:3).
5. **Puasa & sapu** diri — mata, dahi, tangan — meninggalkan semua kebijaksanaan palsu dan menyatakan kesetiaan anda kepada Tuhan sahaja.

Permohonan Kumpulan

- Kongsi sebarang pertemuan dengan "ajaran ringan," numerologi, media Kabbalah, atau simbol suci.
- Sebagai satu kumpulan, senaraikan frasa atau kepercayaan yang berbunyi "rohani" tetapi menentang Kristus (cth, "Saya ilahi," "alam semesta menyediakan," "kesedaran Kristus").
- Urap setiap orang dengan minyak sambil menyatakan Yohanes 8:12 — *"Yesus adalah Terang Dunia."*
- Bakar atau buang sebarang bahan atau objek yang merujuk kepada geometri suci, mistik atau "kod ketuhanan".

WAWASAN UTAMA

Syaitan tidak didahulukan sebagai pemusnah. Dia sering datang sebagai penerang — menawarkan pengetahuan rahsia dan cahaya palsu. Tetapi cahaya itu hanya membawa kepada kegelapan yang lebih dalam.

Jurnal Refleksi

- Adakah saya telah membuka roh saya kepada mana-mana "cahaya rohani" yang melangkaui Kristus?
- Adakah terdapat simbol, frasa atau objek yang saya fikir tidak berbahaya tetapi kini dikenali sebagai portal?
- Adakah saya telah meninggikan kebijaksanaan peribadi daripada kebenaran alkitabiah?

Doa Pembebasan

Bapa, saya meninggalkan setiap cahaya palsu, ajaran mistik, dan pengetahuan rahsia yang telah menjerat jiwa saya. Saya mengaku bahawa hanya Yesus Kristus adalah Terang dunia yang sebenar. Saya menolak Kabbalah, geometri suci, numerologi, dan semua doktrin setan. Biarkan setiap roh palsu kini dicabut dari hidup saya. Bersihkan mata saya, fikiran saya, imaginasi saya, dan semangat saya. Saya hanya milik-Mu - roh, jiwa, dan jasad. Dalam nama Yesus. Amin.

HARI 3 2: ROH ULAR DI DALAM — APABILA PENYELAMAT DATANG TERLAMBAT

"*Mereka mempunyai mata yang penuh dengan perzinaan... mereka memikat jiwa-jiwa yang tidak stabil... mereka telah mengikuti jalan Bileam... yang baginya kegelapan kegelapan telah disimpan selama-lamanya.*" — 2 Petrus 2:14–17

"*Janganlah kamu tertipu: Tuhan tidak dapat diperolok-olokkan. Orang yang menuai apa yang ditaburnya.*" — Galatia 6:7

Terdapat tiruan syaitan yang berarak sebagai pencerahan. Ia menyembuhkan, memberi tenaga, memperkasakan — tetapi hanya untuk semusim. Ia membisikkan misteri ilahi, membuka "mata ketiga" anda, melepaskan kuasa di tulang belakang - dan kemudian **memperhambakan anda dalam siksaan**.

Ia adalah **Kundalini**.

Roh **ular**.

"Roh kudus" palsu Zaman Baru.

Setelah diaktifkan — melalui yoga, meditasi, psychedelics, trauma, atau ritual ghaib — daya ini bergelung di pangkal tulang belakang dan naik seperti api melalui chakra. Ramai yang percaya ia adalah kebangkitan rohani. Sebenarnya, ia adalah **kerasukan syaitan** yang menyamar sebagai tenaga ilahi.

Tetapi apa yang berlaku apabila ia **tidak akan hilang**?

Kisah Nyata – "Saya Tidak Boleh Matikannya"

Marissa, seorang wanita Kristian muda di Kanada, telah menceburkan diri dalam "yoga Kristian" sebelum menyerahkan hidupnya kepada Kristus. Dia menyukai perasaan damai, getaran, penglihatan cahaya. Tetapi selepas satu sesi yang sengit di mana dia merasakan tulang belakangnya "menyala," dia pengsan - dan bangun tidak dapat bernafas. Malam itu, sesuatu mula **mengganggu**

tidurnya, memusingkan badannya, muncul sebagai "Yesus" dalam mimpinya - tetapi mengejeknya.

Dia menerima **pembebasan** lima kali. Roh akan pergi - tetapi kembali. Tulang belakangnya masih bergetar. Matanya sentiasa melihat ke alam roh. Badannya akan bergerak secara tidak sengaja. Walaupun telah diselamatkan, dia kini berjalan melalui neraka yang sedikit orang Kristian fahami. Rohnya telah diselamatkan — tetapi jiwanya telah **dicabuli, retak terbuka dan berpecah-belah**.

Kesudahannya Tiada Siapa Bicarakan

- **Mata ketiga tetap terbuka** : Penglihatan berterusan, halusinasi, bunyi rohani, "malaikat" bercakap dusta.
- **Badan tidak berhenti bergetar** : Tenaga tidak terkawal, tekanan dalam tengkorak, jantung berdebar-debar.
- **Siksaan yang tidak putus-putus** : Walaupun selepas 10+ sesi pembebasan.
- **Pengasingan** : Pendeta tidak faham. Gereja mengabaikan masalah itu. Orang itu dilabelkan "tidak stabil."
- **Takut neraka** : Bukan kerana dosa, tetapi kerana azab yang enggan berakhir.

Bolehkah orang Kristian mencapai titik tidak dapat kembali?

Ya — dalam kehidupan ini. Anda boleh **diselamatkan**, tetapi sangat berpecah-belah sehingga **jiwa anda berada dalam siksaan sehingga mati**.

Ini bukan menimbulkan ketakutan. Ini adalah **amaran kenabian**.

Contoh Global

- **Afrika** – Nabi palsu melepaskan api Kundalini semasa perkhidmatan — orang kejang, berbuih, ketawa, atau mengaum.
- **Asia** - Guru yoga naik ke "siddhi" (rasukan syaitan) dan memanggilnya kesedaran tuhan.
- **Eropah/Amerika Utara** – Gerakan neo-karisma yang menyalurkan "alam kemuliaan", menyalak, ketawa, jatuh tanpa kawalan — bukan dari Tuhan.

- **Amerika Latin** – Kebangkitan Shamanic menggunakan ayahuasca (ubat tumbuhan) untuk membuka pintu rohani yang tidak dapat mereka tutup.

PELAN TINDAKAN — JIKA Anda Sudah Terlalu Jauh

1. **Mengaku portal yang tepat** : Yoga Kundalini, meditasi mata ketiga, gereja zaman baharu, psychedelics, dsb.
2. **Hentikan semua pengejaran pembebasan** : Sesetengah roh menyeksa lebih lama apabila anda terus memperkasakan mereka dengan ketakutan.
3. **Sauhkan diri anda dalam Kitab Suci** HARIAN — terutamanya Mazmur 119, Yesaya 61, dan Yohanes 1. Ini memperbaharui jiwa.
4. **Serahkan kepada komuniti** : Cari sekurang-kurangnya seorang orang percaya yang dipenuhi Roh Kudus untuk berjalan bersama. Pengasingan memperkasakan syaitan.
5. **Tolak semua "penglihatan" rohani, api, pengetahuan, tenaga** - walaupun ia terasa suci.
6. **Mintalah belas kasihan Tuhan** — Bukan sekali. Setiap hari. setiap jam. Berterusan. Tuhan mungkin tidak membuangnya serta-merta, tetapi Dia akan membawa anda.

PERMOHONAN KUMPULAN

- Tahan masa renungan senyap. Tanya: Adakah saya telah mengejar kuasa rohani mengatasi kesucian rohani?
- Berdoalah untuk mereka yang ditimpa siksaan yang tiada henti. JANGAN janjikan kebebasan segera — janjikan **pemuridan**.
- Ajarkan perbezaan antara **buah Roh** (Galatia 5:22–23) dan **manifestasi jiwa** (goncang, panas, penglihatan).
- Bakar atau musnahkan setiap objek zaman baharu: simbol chakra,

kristal, tikar yoga, buku, minyak, "kad Yesus."

Wawasan Utama

Terdapat **garis** yang boleh dilalui — apabila jiwa menjadi pintu masuk terbuka dan enggan menutup. Roh anda mungkin diselamatkan... tetapi jiwa dan badan anda mungkin masih hidup dalam siksaan jika anda telah dicemari oleh cahaya ghaib.

Jurnal Refleksi

- Adakah saya pernah mengejar kuasa, api, atau penglihatan kenabian lebih daripada kekudusan dan kebenaran?
- Adakah saya telah membuka pintu melalui amalan zaman baharu yang "Kristian"?
- Adakah saya bersedia untuk **berjalan setiap hari** dengan Tuhan walaupun pembebasan penuh mengambil masa bertahun-tahun?

Doa Kelangsungan Hidup

Bapa, saya menangis memohon belas kasihan. Saya meninggalkan setiap roh ular, kuasa Kundalini, pembukaan mata ketiga, api palsu, atau tiruan zaman baharu yang pernah saya sentuh. Saya menyerahkan jiwa saya - retak seperti itu - kembali kepada-Mu. Yesus, selamatkan aku bukan sahaja dari dosa, tetapi dari siksaan. Tutup pintu gerbang saya. Sembuhkan fikiran saya. Pejam mata. Hancurkan ular di tulang belakang saya. Saya menunggu awak, walaupun dalam kesakitan. Dan saya tidak akan berputus asa. Dalam nama Yesus. Amin.

HARI 33: ROH ULAR DI DALAM — APABILA PENYELAMAT DATANG TERLAMBAT

"*Mereka mempunyai mata yang penuh dengan perzinaan... mereka memikat jiwa-jiwa yang tidak stabil... mereka telah mengikuti jalan Bileam... yang baginya kegelapan kegelapan telah disimpan selama-lamanya.*" — 2 Petrus 2:14–17

"*Janganlah kamu tertipu: Tuhan tidak dapat diperolok-olokkan. Orang yang menuai apa yang ditaburnya.*" — Galatia 6:7

Terdapat tiruan syaitan yang berarak sebagai pencerahan. Ia menyembuhkan, memberi tenaga, memperkasakan — tetapi hanya untuk semusim. Ia membisikkan misteri ilahi, membuka "mata ketiga" anda, melepaskan kuasa di tulang belakang - dan kemudian **memperhambakan anda dalam siksaan**.

Ia adalah **Kundalini**.

Roh **ular**.

"Roh kudus" palsu Zaman Baru.

Setelah diaktifkan — melalui yoga, meditasi, psychedelics, trauma, atau ritual ghaib — daya ini bergelung di pangkal tulang belakang dan naik seperti api melalui chakra. Ramai yang percaya ia adalah kebangkitan rohani. Sebenarnya, ia adalah **kerasukan syaitan** yang menyamar sebagai tenaga ilahi.

Tetapi apa yang berlaku apabila ia **tidak akan hilang**?

Kisah Nyata – "Saya Tidak Boleh Matikannya"

Marissa, seorang wanita Kristian muda di Kanada, telah menceburkan diri dalam "yoga Kristian" sebelum menyerahkan hidupnya kepada Kristus. Dia menyukai perasaan damai, getaran, penglihatan cahaya. Tetapi selepas satu sesi yang sengit di mana dia merasakan tulang belakangnya "menyala," dia pengsan - dan bangun tidak dapat bernafas. Malam itu, sesuatu mula **mengganggu**

tidurnya, memusingkan badannya, muncul sebagai "Yesus" dalam mimpinya - tetapi mengejeknya.

Dia menerima **pembebasan** lima kali. Arwah akan pergi - tetapi kembali. Tulang belakangnya masih bergetar. Matanya sentiasa melihat ke alam roh. Badannya akan bergerak secara tidak sengaja. Walaupun telah diselamatkan, dia kini berjalan melalui neraka yang sedikit orang Kristian fahami. Rohnya telah diselamatkan — tetapi jiwanya telah **dicabuli, retak terbuka dan berpecah-belah**.

Kesudahannya Tiada Siapa Bicarakan

- **Mata ketiga tetap terbuka** : Penglihatan berterusan, halusinasi, bunyi rohani, "malaikat" bercakap dusta.
- **Badan tidak berhenti bergetar** : Tenaga tidak terkawal, tekanan dalam tengkorak, jantung berdebar-debar.
- **Siksaan yang tidak putus-putus** : Walaupun selepas 10+ sesi pembebasan.
- **Pengasingan** : Pendeta tidak faham. Gereja mengabaikan masalah itu. Orang itu dilabelkan "tidak stabil."
- **Takut neraka** : Bukan kerana dosa, tetapi kerana azab yang enggan berakhir.

Bolehkah orang Kristian mencapai titik tidak dapat kembali?

Ya — dalam kehidupan ini. Anda boleh **diselamatkan**, tetapi sangat berpecah-belah sehingga **jiwa anda berada dalam siksaan sehingga mati**.

Ini bukan menimbulkan ketakutan. Ini adalah **amaran kenabian**.

Contoh Global

- **Afrika** – Nabi palsu melepaskan api Kundalini semasa perkhidmatan — orang kejang, berbuih, ketawa, atau mengaum.
- **Asia** - Guru yoga naik ke "siddhi" (rasukan syaitan) dan memanggilnya kesedaran tuhan.
- **Eropah/Amerika Utara** – Gerakan neo-karisma yang menyalurkan "alam kemuliaan", menyalak, ketawa, jatuh tanpa kawalan — bukan dari Tuhan.

- **Amerika Latin** – Kebangkitan Shamanic menggunakan ayahuasca (ubat tumbuhan) untuk membuka pintu rohani yang tidak dapat mereka tutup.

Pelan Tindakan — Jika Anda Sudah Terlalu Jauh

1. **Mengaku portal yang tepat** : Yoga Kundalini, meditasi mata ketiga, gereja zaman baharu, psychedelics, dsb.
2. **Hentikan semua pengejaran pembebasan** : Sesetengah roh menyeksa lebih lama apabila anda terus memperkasakan mereka dengan ketakutan.
3. **Sauhkan diri anda dalam Kitab Suci HARIAN** — terutamanya Mazmur 119, Yesaya 61, dan Yohanes 1. Ini memperbaharui jiwa.
4. **Serahkan kepada komuniti** : Cari sekurang-kurangnya seorang orang percaya yang dipenuhi Roh Kudus untuk berjalan bersama. Pengasingan memperkasakan syaitan.
5. **Tolak semua "penglihatan" rohani, api, pengetahuan, tenaga** - walaupun ia terasa suci.
6. **Mintalah belas kasihan Tuhan** — Bukan sekali. Setiap hari. setiap jam. Berterusan. Tuhan mungkin tidak membuangnya serta-merta, tetapi Dia akan membawa anda.

Permohonan Kumpulan

- Tahan masa renungan senyap. Tanya: Adakah saya telah mengejar kuasa rohani mengatasi kesucian rohani?
- Berdoalah untuk mereka yang ditimpa siksaan yang tiada henti. JANGAN janjikan kebebasan segera — janjikan **pemuridan** .
- Ajarkan perbezaan antara **buah Roh** (Galatia 5:22–23) dan **manifestasi jiwa** (goncang, panas, penglihatan).
- Bakar atau musnahkan setiap objek zaman baharu: simbol chakra, kristal, tikar yoga, buku, minyak, "kad Yesus."

Wawasan Utama

Terdapat **garis** yang boleh dilalui — apabila jiwa menjadi pintu masuk terbuka dan enggan menutup. Roh anda mungkin diselamatkan... tetapi jiwa dan badan anda mungkin masih hidup dalam siksaan jika anda telah dicemari oleh cahaya ghaib.

Jurnal Refleksi

- Adakah saya pernah mengejar kuasa, api, atau penglihatan kenabian lebih daripada kekudusan dan kebenaran?
- Adakah saya telah membuka pintu melalui amalan zaman baharu yang "Kristian"?
- Adakah saya bersedia untuk **berjalan setiap hari** dengan Tuhan walaupun pembebasan penuh mengambil masa bertahun-tahun?

Doa Kelangsungan Hidup

Bapa, saya menangis memohon belas kasihan. Saya meninggalkan setiap roh ular, kuasa Kundalini, pembukaan mata ketiga, api palsu, atau tiruan zaman baharu yang pernah saya sentuh. Saya menyerahkan jiwa saya - retak seperti itu - kembali kepada-Mu. Yesus, selamatkan aku bukan sahaja dari dosa, tetapi dari siksaan. Tutup pintu gerbang saya. Sembuhkan fikiran saya. Pejam mata. Hancurkan ular di tulang belakang saya. Saya menunggu awak, walaupun dalam kesakitan. Dan saya tidak akan berputus asa. Dalam nama Yesus. Amin.

HARI 34: MASON, KOD & KUTUK — Apabila Persaudaraan Menjadi Ikatan

"*Janganlah bersekutu dengan perbuatan-perbuatan kegelapan yang tidak membuahkan hasil, tetapi telanjangilah mereka.*" — Efesus 5:11
"*Jangan membuat perjanjian dengan mereka atau dengan allah mereka.*" — Keluaran 23:32

Pertubuhan rahsia menjanjikan kejayaan, sambungan, dan kebijaksanaan kuno. Mereka menawarkan **sumpah, ijazah, dan rahsia** yang diturunkan "untuk lelaki yang baik." Tetapi apa yang tidak disedari oleh kebanyakan orang ialah: masyarakat ini adalah **mezbah perjanjian**, selalunya dibina atas darah, penipuan, dan kesetiaan syaitan.

Daripada Freemasonry hingga Kabbalah, Rosicrucians hingga Skull & Bones — organisasi ini bukan sekadar kelab. Ia adalah **kontrak rohani**, dipalsukan dalam kegelapan dan dimeterai dengan upacara yang **mengutuk generasi**.

Ada yang menyertai dengan rela hati. Yang lain mempunyai nenek moyang yang melakukannya.

Walau apa pun, kutukan itu kekal - sehingga ia dipecahkan.

Warisan Tersembunyi — Kisah Jason

Jason, seorang jurubank yang berjaya di AS, mempunyai segala-galanya untuknya — keluarga yang cantik, kekayaan dan pengaruh. Tetapi pada waktu malam, dia akan bangun dalam keadaan tersedak, melihat sosok bertudung, dan mendengar mantera dalam mimpinya. Datuknya adalah seorang Mason darjah 33, dan Jason masih memakai cincin itu.

Dia pernah secara bergurau mengucapkan ikrar Masonik pada acara kelab — tetapi ketika dia melakukannya, **sesuatu telah memasuki dirinya**. Fikirannya mula rosak. Dia mendengar suara. Isterinya meninggalkannya. Dia cuba menamatkan semuanya.

Semasa berundur, seseorang melihat pautan Masonik. Jason menangis ketika dia **meninggalkan setiap sumpah**, memecahkan cincin, dan menjalani pembebasan selama tiga jam. Malam itu, buat pertama kali dalam beberapa tahun, dia tidur dengan tenang.

keterangan beliau?

"Anda tidak bergurau dengan mezbah rahsia. Mereka bercakap - sehingga anda membuat mereka diam dalam nama Yesus."

WEB GLOBAL IKHWAN

- **Eropah** – Freemasonry sangat tertanam dalam perniagaan, politik dan denominasi gereja.
- **Afrika** - Illuminati dan perintah rahsia yang menawarkan kekayaan sebagai pertukaran untuk jiwa; pemujaan di universiti.
- **Amerika Latin** - penyusupan Jesuit dan upacara Masonik bercampur dengan mistik Katolik.
- **Asia** – Sekolah misteri purba, keimamatan kuil terikat dengan sumpah generasi.
- **Amerika Utara** – Bintang Timur, Ritus Scotland, persaudaraan seperti Skull & Bones, elit Bohemian Grove.

Pemujaan ini sering memanggil "Tuhan," tetapi bukan **Tuhan Alkitab** - mereka merujuk **Arkitek Besar**, kuasa tidak peribadi yang terikat dengan **cahaya Luciferian**.

Tanda-tanda Anda Terpengaruh

- Penyakit kronik yang tidak dapat dijelaskan oleh doktor.
- Takut kemajuan atau takut berpecah daripada sistem keluarga.
- Mimpi jubah, ritual, pintu rahsia, pondok, atau upacara pelik.
- Kemurungan atau kegilaan dalam barisan lelaki.
- Wanita bergelut dengan mandul, penderaan, atau ketakutan.

Pelan Tindakan Penyelamat

1. **Tolak semua sumpah yang diketahui** - terutamanya jika anda atau keluarga anda adalah sebahagian daripada Freemasonry, Rosicrucians, Eastern Star, Kabala, atau mana-mana "persaudaraan".
2. **Pecahkan setiap ijazah** - dari Perantis Masuk hingga Ijazah ke-33, dengan nama.
3. **Musnahkan semua simbol** – cincin, apron, buku, loket, sijil, dsb.
4. **Tutup pintu** - secara rohani dan undang-undang melalui doa dan pengisytiharan.

Gunakan kitab suci ini:

- Yesaya 28:18 — "Perjanjianmu dengan maut akan dibatalkan."
- Galatia 3:13 - "Kristus telah menebus kita dari kutuk hukum Taurat."
- Yehezkiel 13:20–23 — "Aku akan mengoyakkan selubungmu dan membebaskan umat-Ku."

Permohonan Kumpulan

- Tanya jika mana-mana ahli mempunyai ibu bapa atau datuk nenek dalam kongsi gelap.
- Pimpin **penolakan berpandu** melalui semua peringkat Freemasonry (anda boleh membuat skrip bercetak untuk ini).
- Gunakan tindakan simbolik — bakar cincin lama atau lukis salib di atas dahi untuk membatalkan "mata ketiga" yang dibuka dalam ritual.
- Berdoa di atas minda, leher, dan belakang — ini adalah tapak perhambaan yang biasa.

Wawasan Utama
Persaudaraan tanpa darah Kristus adalah persaudaraan perhambaan.
Anda mesti memilih: perjanjian dengan manusia atau perjanjian dengan Tuhan.

Jurnal Refleksi

- Adakah sesiapa dalam keluarga saya terlibat dalam Freemasonry, mistik, atau sumpah rahsia?

- Adakah saya secara tidak sedar telah melafazkan atau meniru ikrar, kepercayaan, atau simbol yang dikaitkan dengan pertubuhan rahsia?
- Adakah saya sanggup memecahkan tradisi keluarga untuk berjalan sepenuhnya dalam perjanjian Tuhan?

Doa Pengampunan

Bapa, dalam nama Yesus, saya meninggalkan setiap perjanjian, sumpah, atau ritual yang terikat dengan Freemasonry, Kabbalah, atau mana-mana masyarakat rahsia - dalam hidup atau keturunan saya. Saya memecahkan setiap darjah, setiap pembohongan, setiap hak syaitan yang diberikan melalui upacara atau simbol. Saya mengisytiharkan bahawa Yesus Kristus adalah satu-satunya Cahaya saya, satu-satunya Arkitek saya, dan satu-satunya Tuhan saya. Saya menerima kebebasan sekarang, dalam nama Yesus. Amin.

HARI 35: PENYIHIR DI PEWS — APABILA JAHAT MASUK MELALUI PINTU GEREJA

"*Sebab orang-orang yang demikian adalah rasul-rasul palsu, pekerja-pekerja penipu, yang menyamar sebagai rasul-rasul Kristus. Dan tidaklah mengherankan, sebab Iblis pun menyamar sebagai malaikat terang.*" — 2 Korintus 11:13–14

"*Aku tahu perbuatanmu, kasihmu dan imanmu... Namun demikian, aku mempunyai keberatan terhadapmu: Engkau membiarkan perempuan Izebel itu, yang menyebut dirinya nabiah...*" — Wahyu 2:19–20

Ahli sihir yang paling berbahaya bukanlah yang terbang pada waktu malam.

Ia adalah orang **yang duduk di sebelah anda di gereja**.

Mereka tidak memakai jubah hitam atau menaiki penyapu.

Mereka memimpin mesyuarat doa. Menyanyi dalam kumpulan penyembahan. Bernubuat dalam bahasa roh. Gereja pastor. Namun... mereka **pembawa kegelapan**.

Ada yang tahu apa yang mereka lakukan — dihantar sebagai pembunuh rohani.

Yang lain menjadi mangsa sihir atau pemberontakan nenek moyang, yang beroperasi dengan pemberian yang **najis**.

Gereja Sebagai Penutup — Kisah "Miriam".

Miriam adalah seorang pendeta pembebasan yang popular di sebuah gereja besar Afrika Barat. Suaranya menyuruh syaitan melarikan diri. Orang ramai mengembara ke seluruh negara untuk diurapi olehnya.

Tetapi Miriam mempunyai rahsia: pada waktu malam, dia keluar dari badannya. Dia akan melihat rumah ahli gereja, kelemahan mereka, dan garis keturunan mereka. Dia fikir ia adalah "nubuatan".

Kuasanya bertambah. Tetapi begitu juga seksaannya.

Dia mula mendengar suara. tidak boleh tidur. Anak-anaknya diserang. Suaminya meninggalkannya.

Dia akhirnya mengaku: dia telah "diaktifkan" sebagai seorang kanak-kanak oleh neneknya, seorang ahli sihir yang kuat yang membuatnya tidur di bawah selimut terkutuk.

"Saya fikir saya dipenuhi dengan Roh Kudus. Ia adalah roh... tetapi bukan Kudus."

Dia melalui pembebasan. Tetapi peperangan tidak pernah berhenti. Dia berkata:

"Jika saya tidak mengaku, saya akan mati di atas mezbah dalam api... di gereja."

Situasi Global Sihir Tersembunyi di Gereja

- **Afrika** - Iri hati rohani. Nabi menggunakan ramalan, ritual, roh air. Banyak mezbah sebenarnya adalah portal.
- **Eropah** – Medium psikik yang menyamar sebagai "jurulatih rohani." Sihir dibalut dengan agama Kristian zaman baru.
- **Asia** – Pendeta kuil memasuki gereja untuk menanam kutukan dan penganut astral-monitor.
- **Amerika Latin** - Santería -mengamalkan "pendeta" yang memberitakan pembebasan tetapi mengorbankan ayam pada waktu malam.
- **Amerika Utara** - Ahli sihir Kristian yang mendakwa "Yesus dan tarot," penyembuh tenaga di pentas gereja, dan pastor yang terlibat dalam upacara Freemasonry.

Tanda-tanda Sihir Beroperasi di Gereja

- Suasana berat atau kekeliruan semasa beribadat.
- Mimpi ular, seks atau haiwan selepas perkhidmatan.
- Kepimpinan jatuh ke dalam dosa atau skandal secara tiba-tiba.
- "Nubuatan" yang memanipulasi, menggoda, atau memalukan.
- Sesiapa yang berkata "Tuhan memberitahu saya anda suami/isteri

saya."
- Benda pelik ditemui berhampiran mimbar atau mezbah.

PELAN TINDAKAN PENYELAMAT

1. **Berdoa untuk ketajaman** — Mintalah Roh Kudus untuk mendedahkan jika terdapat ahli sihir tersembunyi dalam persekutuan anda.
2. **Uji setiap roh** — Walaupun mereka kelihatan rohani (1 Yohanes 4:1).
3. **Putuskan ikatan jiwa** — Jika anda telah didoakan, dinubuatkan, atau disentuh oleh seseorang yang najis, **tinggalkan ia** .
4. **Berdoa untuk gereja anda** - Nyatakan api Tuhan untuk mendedahkan setiap mezbah yang tersembunyi, dosa rahsia, dan lintah rohani.
5. **Jika anda mangsa** — Dapatkan bantuan. Jangan berdiam diri atau bersendirian.

Permohonan Kumpulan

- Tanya ahli kumpulan: Pernahkah anda berasa tidak selesa atau dilanggar secara rohani dalam perkhidmatan gereja?
- Pimpin **doa pembersihan korporat** untuk persekutuan.
- Urap setiap orang dan isytiharkan **tembok api rohani** di sekeliling minda, mezbah, dan hadiah.
- Ajar pemimpin cara **menapis hadiah** dan **menguji semangat** sebelum membenarkan orang ramai memainkan peranan yang boleh dilihat.

Wawasan Utama
Tidak semua yang berkata "Tuhan, Tuhan" berasal dari Tuhan.

Gereja adalah **medan perang utama** untuk pencemaran rohani — tetapi juga tempat penyembuhan apabila kebenaran ditegakkan.

Jurnal Refleksi

- Adakah saya telah menerima doa, pemberian, atau bimbingan daripada seseorang yang hidupnya membuahkan hasil yang tidak suci?
- Adakah ada kalanya saya berasa "keluar" selepas gereja, tetapi mengabaikannya?
- Adakah saya sanggup berdepan dengan ilmu sihir walaupun ia memakai sut atau menyanyi di atas pentas?

Doa Pendedahan dan Kebebasan

Tuhan Yesus, saya bersyukur kepada-Mu kerana menjadi Terang yang benar. Saya meminta Anda sekarang untuk mendedahkan setiap agen kegelapan yang tersembunyi yang beroperasi di dalam atau di sekeliling hidup dan persekutuan saya. Saya meninggalkan setiap pemberian yang tidak suci, nubuatan palsu, atau ikatan jiwa yang saya terima daripada penipu rohani. Bersihkan aku dengan darahMu. Sucikan pemberian saya. Jaga pintu pagar saya. Bakarlah setiap roh palsu dengan api suci-Mu. Dalam nama Yesus. Amin.

HARI 36: MANJA BERKOD — APABILA LAGU, FESYEN & FILEM MENJADI PORTAL

"Janganlah mengambil bahagian dalam perbuatan kegelapan yang tidak membuahkan hasil, tetapi sebaliknya mendedahkannya." — Efesus 5:11
"Jangan ada kaitan dengan mitos-mitos yang tidak bertuhan dan cerita-cerita wanita tua, sebaliknya, latih diri untuk menjadi saleh." — 1 Timotius 4:7

Tidak setiap pertempuran bermula dengan pengorbanan darah.

Ada yang bermula dengan **rentak**.

Melodi. Lirik yang menarik yang melekat dalam jiwa anda. Atau **simbol** pada pakaian anda yang anda fikir "sejuk".

Atau "tidak berbahaya" menunjukkan anda pesta sambil syaitan tersenyum dalam bayang-bayang.

Dalam dunia yang sangat berkaitan hari ini, ilmu sihir **dikodkan** — bersembunyi di **depan mata** melalui media, muzik, filem dan fesyen.

Bunyi Gelap — Kisah Nyata: "Fon Kepala"

Elijah, 17 tahun di AS, mula mengalami serangan panik, malam tanpa tidur, dan mimpi jahat. Ibu bapa Kristiannya menyangka ia adalah tekanan.

Tetapi semasa sesi pembebasan, Roh Kudus mengarahkan pasukan untuk bertanya tentang **muziknya**.

Dia mengaku: "Saya mendengar perangkap logam. Saya tahu ia gelap... tetapi ia membantu saya berasa kuat."

Apabila pasukan itu memainkan salah satu lagu kegemarannya dalam doa, satu **manifestasi** berlaku.

Ketukan telah dikodkan dengan **lagu-lagu nyanyian** daripada ritual ghaib. Menyamarkan ke belakang frasa mendedahkan seperti "serahkan jiwa anda" dan "Lucifer bercakap."

Sebaik sahaja Elijah memadamkan muzik, bertaubat, dan meninggalkan sambungan, keamanan kembali.

Perang telah masuk melalui **pintu telinganya**.

Corak Pengaturcaraan Global

- **Afrika** - Lagu Afrobeat yang terikat dengan ritual wang; Rujukan "juju" tersembunyi dalam lirik; jenama fesyen dengan simbol kerajaan marin.
- **Asia** – K-pop dengan mesej seksual dan penyaluran semangat subliminal; watak anime yang diselitkan dengan ilmu syaitan Shinto.
- **Amerika Latin** – Reggaeton menolak nyanyian Santería dan mantera berkod ke belakang.
- **Eropah** – Rumah fesyen (Gucci, Balenciaga) memasukkan imej dan ritual syaitan ke dalam budaya landasan.
- **Amerika Utara** - Filem Hollywood yang dikodkan dengan ilmu sihir (Filem Marvel, seram, "light vs dark"); kartun menggunakan ejaan sebagai menyeronokkan.

Common Entry Portals (and Their Spirit Assignments)

Media Type	Portal	Demonic Assignment
Music	Beats/samples from rituals	Torment, violence, rebellion
TV Series	Magic, lust, murder glorification	Desensitization, soul dulling
Fashion	Symbols (serpent, eye, goat, triangles)	Identity confusion, spiritual binding
Video Games	Sorcery, blood rites, avatars	Astral transfer, addiction, occult alignment
Social Media	Trends on "manifestation," crystals, spells	Sorcery normalization

PELAN TINDAKAN – MEMBEZAKAN, Detoks, Pertahankan

1. **Audit senarai main, almari pakaian dan sejarah tontonan anda**. Cari kandungan ghaib, penuh nafsu, memberontak atau ganas.
2. **Mintalah Roh Kudus untuk mendedahkan** setiap pengaruh yang tidak kudus.
3. **Padam dan musnahkan**. Jangan jual atau derma. Bakar atau buang apa-apa yang jahat — fizikal atau digital.
4. **Luruskan peranti**, bilik dan telinga anda. Nyatakan mereka dikuduskan untuk kemuliaan Tuhan.
5. **Gantikan dengan kebenaran** : Sembah muzik, filem saleh, buku, dan bacaan Kitab Suci yang memperbaharui fikiran anda.

Permohonan Kumpulan

- Pimpin ahli dalam "Inventori Media". Biarkan setiap orang menulis rancangan, lagu atau item yang mereka syak mungkin portal.
- Berdoa melalui telefon dan fon kepala. Urap mereka.
- Lakukan kumpulan "detoks cepat" - 3 hingga 7 hari tanpa media sekular. Hanya makan Firman Tuhan, ibadat, dan persekutuan.
- Menyaksi keputusan pada mesyuarat seterusnya.

Wawasan Utama
Iblis tidak lagi memerlukan kuil untuk memasuki rumah anda. Apa yang mereka perlukan ialah persetujuan anda untuk menekan main.

Jurnal Refleksi

- Apa yang saya lihat, dengar, atau pakai yang mungkin membuka pintu kepada penindasan?
- Adakah saya sanggup melepaskan apa yang menghiburkan saya jika ia juga memperhambakan saya?
- Adakah saya telah menormalkan pemberontakan, nafsu, keganasan, atau ejekan atas nama "seni"?

DOA MENYUCIKAN

Tuhan Yesus, saya datang kepada-Mu memohon detoks rohani sepenuhnya. Dedahkan setiap mantra berkod yang saya gunakan dalam hidup saya melalui muzik, fesyen, permainan atau media. Saya bertaubat melihat, memakai, dan mendengar apa yang menghina Engkau. Hari ini, saya memutuskan ikatan jiwa. Aku mengusir setiap roh pemberontakan, sihir, nafsu, kekeliruan, atau siksaan. Bersihkan mata, telinga, dan hati saya. Saya kini mendedikasikan badan, media, dan pilihan saya kepada-Mu sahaja. Dalam nama Yesus. Amin.

HARI 37: ALTAR KUASA GHAIB — FREEMASONS, KABBALAH, & ELIT GHAIB

"*Sekali lagi iblis membawa Dia ke sebuah gunung yang sangat tinggi dan memperlihatkan kepada-Nya semua kerajaan dunia dan kemegahannya. 'Semuanya ini akan kuberikan kepada-Mu,' katanya, 'jika Engkau sujud menyembah aku.'*" — Matius 4:8–9

"*Kamu tidak boleh minum cawan Tuhan dan cawan roh-roh jahat juga; kamu tidak boleh mengambil bahagian dalam kedua-dua meja Tuhan dan dalam perjamuan setan.*" — 1 Korintus 10:21

Terdapat mezbah yang tersembunyi bukan di dalam gua, tetapi di dalam bilik mesyuarat.

Semangat bukan sahaja di dalam hutan — tetapi di dewan kerajaan, menara kewangan, perpustakaan Ivy League dan tempat perlindungan yang menyamar sebagai "gereja".

Selamat datang ke alam **ghaib elit** :

Freemason, Rosicrucian , Kabballists , perintah Jesuit, Bintang Timur, dan keimamatan Luciferian tersembunyi yang **menyelubungi pengabdian mereka kepada Syaitan dalam ritual, kerahsiaan dan simbol** . Dewa-dewa mereka adalah akal, kuasa, dan pengetahuan kuno - tetapi **jiwa mereka telah dijanjikan kepada kegelapan** .

Tersembunyi dalam Penglihatan Biasa

- **Freemasonry** menyelubungi dirinya sebagai persaudaraan pembina — namun tahap yang lebih tinggi memanggil entiti setan, bersumpah mati, dan mengangkat Lucifer sebagai "pembawa cahaya."
- **Kabbalah** menjanjikan akses mistik kepada Tuhan — tetapi ia secara halus menggantikan Yahweh dengan peta tenaga kosmik dan

numerologi.
- **Mistik Jesuit**, dalam bentuk yang rosak, sering menggabungkan imej Katolik dengan manipulasi rohani dan kawalan sistem dunia.
- **Hollywood, Fesyen, Kewangan & Politik** semuanya membawa mesej berkod, simbol dan **ritual awam yang benar-benar perkhidmatan penyembahan kepada Lucifer**.

Anda tidak perlu menjadi selebriti untuk terpengaruh. Sistem ini **mencemarkan negara** melalui:

- Pengaturcaraan media
- Sistem pendidikan
- Tolak ansur agama
- Kebergantungan kewangan
- Ritual yang menyamar sebagai "permulaan," "ikrar" atau "tawaran jenama"

Kisah Benar – "The Lodge Merosakkan Keturunan Saya"

Solomon (nama ditukar), seorang tokoh perniagaan yang berjaya dari UK, menyertai rumah persinggahan Masonik untuk rangkaian. Dia bangkit dengan cepat, memperoleh kekayaan dan prestij. Tetapi dia juga mula mengalami mimpi ngeri yang menakutkan — lelaki berjubah memanggilnya, sumpah darah, binatang gelap mengejarnya. Anak perempuannya mula memotong dirinya, mendakwa "kehadiran" membuatnya melakukannya.

Pada suatu malam, dia melihat seorang lelaki di dalam biliknya - separuh manusia, separuh jackal - yang memberitahunya: *"Anda milik saya. Harga telah dibayar."* Dia menjangkau kementerian pembebasan. Ia mengambil masa **tujuh bulan untuk melepaskan diri, berpuasa, ritual muntah, dan menggantikan setiap ikatan ghaib** - sebelum kedamaian datang.

Dia kemudiannya mendapati: **Datuknya ialah seorang tukang batu darjah 33. Dia hanya meneruskan legasi itu tanpa disedari.**

Jangkauan Global

- **Afrika** – Pertubuhan rahsia di kalangan penguasa puak, hakim, pastor — bersumpah setia kepada sumpah darah sebagai pertukaran

kuasa.
- **Eropah** – Knights of Malta, pondok Illuminist, dan universiti esoterik elit.
- **Amerika Utara** – Asas Masonik di bawah kebanyakan dokumen pengasas, struktur mahkamah, dan juga gereja.
- **Asia** – Pemujaan naga tersembunyi, perintah nenek moyang, dan kumpulan politik yang berakar umbi dalam kacukan Buddhisme-bomoh.
- **Amerika Latin** - Pemujaan sinkretik menggabungkan orang suci Katolik dengan roh Luciferian seperti Santa Muerte atau Baphomet.

Pelan Tindakan — Melarikan diri dari Altar Elit

1. **Menolak** sebarang penglibatan dalam Freemasonry, Eastern Star, sumpah Jesuit, buku Gnostik, atau sistem mistik — malah kajian "akademik" sedemikian.
2. **Musnahkan** pakaian, cincin, pin, buku, apron, foto dan simbol.
3. **Memutuskan kata-kata kutukan** — terutamanya sumpah mati dan ikrar permulaan. Gunakan Yesaya 28:18 ("Perjanjianmu dengan kematian akan dibatalkan...").
4. **Puasa 3 hari** sambil membaca Yehezkiel 8, Yesaya 47, dan Wahyu 17.
5. **Gantikan mezbah** : Mengabdikan semula diri anda kepada mezbah Kristus sahaja (Roma 12:1–2). Perjamuan. Ibadah. Pengurapan.

Anda tidak boleh berada di mahkamah syurga dan di mahkamah Lucifer pada masa yang sama. Pilih mezbah anda.

Permohonan Kumpulan

- Petakan organisasi elit biasa di rantau anda — dan berdoa terus menentang pengaruh rohani mereka.
- Mengadakan sesi di mana ahli boleh mengaku secara sulit jika keluarga mereka terlibat dalam Freemasonry atau kultus serupa.
- Bawa minyak dan persekutuan — pimpin penolakan besar-besaran terhadap sumpah, ritual dan meterai yang dibuat secara rahsia.
- Putuskan kebanggaan — ingatkan kumpulan: **Tiada akses bernilai**

jiwa anda.

Wawasan Utama

Pertubuhan rahsia menjanjikan cahaya. Tetapi hanya Yesus adalah Terang Dunia. Setiap mezbah lain menuntut darah - tetapi tidak dapat menyelamatkan.

Jurnal Refleksi

- Adakah sesiapa dalam keturunan saya terlibat dalam kongsi gelap atau "perintah"?
- Adakah saya telah membaca atau memiliki buku ghaib yang bertopengkan sebagai teks akademik?
- Apakah simbol (pentagram, mata yang melihat semua, matahari, ular, piramid) yang tersembunyi dalam pakaian, seni atau perhiasan saya?

Doa Pengampunan

Bapa, saya meninggalkan setiap perkumpulan rahsia, rumah persinggahan, sumpah, ritual, atau mezbah yang tidak diasaskan pada Yesus Kristus. Aku melanggar perjanjian nenek moyangku, keturunanku, dan mulutku sendiri. Saya menolak Freemasonry, Kabbalah, mistisisme, dan setiap pakatan tersembunyi yang dibuat untuk kuasa. Saya memusnahkan setiap simbol, setiap meterai, dan setiap kebohongan yang menjanjikan cahaya tetapi memberikan perhambaan. Yesus, saya menobatkan Engkau sekali lagi sebagai satu-satunya Guru saya. Pancarkan cahaya-Mu ke setiap tempat rahsia. Dalam nama-Mu, saya berjalan bebas. Amin.

HARI 38: PERJANJIAN RAHIM & KERAJAAN AIR — APABILA TAKDIR NATOR SEBELUM LAHIR

"*Orang fasik jauh dari rahim; mereka sesat sebaik dilahirkan, bercakap dusta.*" — Mazmur 58:3

"*Sebelum Aku membentuk engkau dalam kandungan, Aku telah mengenal engkau, sebelum engkau lahir, Aku telah menguduskan engkau...*" — Yeremia 1:5.

Bagaimana jika pertempuran yang anda lawan tidak bermula dengan pilihan anda — tetapi konsep anda?

Bagaimana jika nama anda disebut di tempat gelap semasa anda masih dalam kandungan?

Bagaimana jika **identiti anda ditukar**, **nasib anda dijual**, dan **jiwa anda ditandai** — sebelum anda menarik nafas pertama?

Inilah realiti **permulaan dalam air**, **perjanjian semangat marin**, dan **dakwaan rahim ghaib** yang **mengikat generasi**, terutamanya di kawasan yang mempunyai ritual nenek moyang dan pantai yang mendalam.

Kerajaan Air — Takhta Syaitan Di Bawah

Di alam ghaib, Syaitan memerintah **lebih daripada sekadar udara**. Dia juga mentadbir **dunia marin** — rangkaian roh jahat, mezbah dan ritual di bawah lautan, sungai dan tasik.

Arwah laut (biasa dipanggil *Mami Wata*, *Ratu Pantai*, *arwah isteri/suami*, dsb.) bertanggungjawab untuk:

- Kematian pramatang
- Mandul dan keguguran
- Perhambaan seksual dan impian
- Seksa mental

- Penderitaan pada bayi baru lahir
- Corak naik dan turun perniagaan

Tetapi bagaimana roh-roh ini mendapat **alasan yang sah** ?
Di dalam rahim.
Inisiasi Ghaib Sebelum Lahir

- **Dedikasi nenek moyang** - Seorang kanak-kanak "berjanji" kepada dewa jika dilahirkan sihat.
- **Pendeta ghaib** menyentuh rahim semasa mengandung.
- **Nama perjanjian** yang diberikan oleh keluarga — tanpa disedari menghormati permaisuri atau roh marin.
- **Ritual kelahiran** dilakukan dengan air sungai, azimat, atau herba dari kuil.
- **Pengebumian tali pusat** dengan mantera.
- **Kehamilan dalam persekitaran ghaib** (cth, pondok Freemasonry, pusat zaman baru, kultus poligami).

Sesetengah kanak-kanak dilahirkan sudah menjadi hamba. Itulah sebabnya mereka menjerit dengan kuat semasa lahir — roh mereka merasakan kegelapan.
Kisah Nyata – "Bayi Saya Milik Sungai"
Jessica, dari Sierra Leone, telah mencuba untuk hamil selama 5 tahun. Akhirnya, dia hamil selepas seorang "nabi" memberinya sabun untuk mandi dan minyak untuk disapu pada rahimnya. Bayi itu dilahirkan kuat — tetapi pada usia 3 bulan, mula menangis tanpa henti, sentiasa pada waktu malam. Dia membenci air, menjerit semasa mandi, dan akan bergegar tanpa kawalan apabila dibawa berhampiran sungai.

Pada suatu hari, anaknya kejang dan meninggal dunia selama 4 minit. Dia hidup semula — dan **mula bercakap dengan kata-kata penuh pada 9 bulan** : "Saya bukan milik di sini. Saya milik Ratu."

Kerana ketakutan, Jessica mencari pembebasan. Kanak-kanak itu hanya dibebaskan selepas 14 hari berpuasa dan solat tawakal — suaminya terpaksa memusnahkan berhala keluarga yang tersembunyi di kampungnya sebelum azab itu berhenti.

Bayi tidak dilahirkan kosong. Mereka dilahirkan dalam pertempuran yang mesti kita lawan bagi pihak mereka.

SELARI GLOBAL

- **Afrika** – Mezbah sungai, dedikasi Mami Wata, ritual plasenta.
- **Asia** – Roh air yang dipanggil semasa kelahiran Buddha atau animisme.
- **Eropah** - Perjanjian bidan Druidic, upacara air nenek moyang, dedikasi freemasonik.
- **Amerika Latin** – Penamaan Santeria, roh sungai (cth, Oshun), kelahiran di bawah carta astrologi.
- **Amerika Utara** – Ritual kelahiran zaman baharu, kelahiran hipnotis dengan pemandu roh, "upacara pemberkatan" oleh perantara.

Tanda-tanda Ikatan yang Dimulakan oleh Rahim

- Mengulangi corak keguguran merentas generasi
- Kengerian malam pada bayi dan kanak-kanak
- Kemandulan yang tidak dapat dijelaskan walaupun mendapat kelulusan perubatan
- Mimpi air yang berterusan (lautan, banjir, berenang, ikan duyung)
- Ketakutan yang tidak rasional terhadap air atau lemas
- Perasaan "dituntut" — seolah-olah ada sesuatu yang memerhati sejak lahir

---

Pelan Tindakan — Pecahkan Perjanjian Rahim

1. **Minta Roh Kudus** untuk mendedahkan jika anda (atau anak anda) dimulakan melalui ritual rahim.
2. **Menolak** apa-apa perjanjian yang dibuat semasa kehamilan - secara sedar atau tidak.
3. **Berdoa untuk kisah kelahiran anda sendiri** — walaupun ibu anda tidak ada, bercakap sebagai penjaga pintu rohani yang sah dalam

hidup anda.
4. **Puasalah dengan Yesaya 49 dan Mazmur 139** – untuk menuntut semula pelan tindakan ilahi anda.
5. **Jika hamil** : Minyaki perut anda dan bercakap setiap hari mengenai anak anda yang belum lahir:

"Kamu dikhususkan untuk Tuhan. Roh air, darah, atau kegelapan tidak akan memiliki kamu. Kamu adalah milik Yesus Kristus - tubuh, jiwa, dan roh."

Permohonan Kumpulan

- Minta peserta untuk menulis apa yang mereka tahu tentang kisah kelahiran mereka — termasuk ritual, bidan atau acara penamaan.
- Galakkan ibu bapa untuk mendedikasikan semula anak-anak mereka dalam "Perkhidmatan Penamaan & Perjanjian Berpusatkan Kristus."
- Pimpin doa yang melanggar perjanjian air menggunakan *Yesaya 28:18*, *Kolose 2:14*, dan *Wahyu 12:11*.

Wawasan Utama

Rahim adalah pintu gerbang - dan apa yang melaluinya sering masuk dengan bagasi rohani. Tetapi tidak ada mezbah rahim yang lebih besar daripada Salib.

Jurnal Refleksi

- Adakah terdapat sebarang objek, minyak, azimat, atau nama yang terlibat dalam konsep atau kelahiran saya?
- Adakah saya mengalami serangan rohani yang bermula pada zaman kanak-kanak?
- Adakah saya secara tidak sedar telah menurunkan perjanjian marin kepada anak-anak saya?

Doa Pelepasan

Bapa Syurgawi, Engkau mengenal saya sebelum saya dibentuk. Hari ini saya melanggar setiap perjanjian tersembunyi, ritual air, dan dedikasi syaitan yang dilakukan pada atau sebelum kelahiran saya. Saya menolak setiap tuntutan roh marin, roh biasa, atau altar rahim generasi. Biarkan darah Yesus menulis semula kisah kelahiran saya dan kisah anak-anak saya. Saya dilahirkan dari Roh - bukan dari mezbah air. Dalam nama Yesus. Amin.

HARI 39: AIR DIBABTIKAN MENJADI PERIKATAN — BAGAIMANA BAYI, AWAL & PERJANJIAN GHAIB MEMBUKA PINTU

"Mereka menumpahkan darah orang yang tidak bersalah, darah anak-anak lelaki dan perempuan mereka, yang mereka korbankan kepada berhala-berhala Kanaan, dan negeri itu menjadi najis oleh darah mereka." — Mazmur 106:38

"Adakah rampasan dapat diambil dari pahlawan, atau tawanan dapat diselamatkan dari orang ganas?" Tetapi beginilah firman Tuhan: "Ya, orang-orang yang gagah perkasa akan diambil tawanan, dan jarahan diambil dari orang-orang yang garang..." — Yesaya 49:24–25.

Banyak takdir bukan sahaja **tergelincir semasa dewasa** - mereka **dirampas semasa bayi**.

Upacara penamaan yang seolah-olah tidak bersalah itu...
Berendam santai di dalam air sungai "untuk memberkati anak itu"...
Syiling di tangan... Potongan di bawah lidah... Minyak daripada "nenek rohani"... Malah huruf awal yang diberikan semasa lahir...
Mereka semua mungkin kelihatan budaya. Tradisional. Tidak berbahaya.
Tetapi kerajaan kegelapan **tersembunyi dalam tradisi**, dan ramai kanak-kanak telah **dimulakan secara rahsia** sebelum mereka dapat menyebut "Yesus."

Kisah Nyata – "Saya Dinamakan di tepi Sungai"

Di Haiti, seorang budak lelaki bernama Malick dibesarkan dengan ketakutan aneh terhadap sungai dan ribut. Sebagai seorang kanak-kanak kecil, dia dibawa oleh neneknya ke sungai untuk "diperkenalkan kepada roh" untuk perlindungan. Dia mula mendengar suara pada umur 7 tahun. Pada usia 10 tahun, dia melakukan lawatan malam. Menjelang 14 tahun, dia cuba membunuh diri selepas merasakan "kehadiran" sentiasa di sisinya.

Pada suatu pertemuan pembebasan, syaitan-syaitan itu menampakkan diri dengan ganas, menjerit, "Kami masuk ke sungai! Kami dipanggil dengan nama!" Namanya, " Malick ," telah menjadi sebahagian daripada tradisi penamaan rohani untuk "menghormati ratu sungai." Sehingga dia dinamakan semula dalam Kristus, siksaan berterusan. Dia kini melayani dalam pembebasan di kalangan belia yang terperangkap dalam dedikasi nenek moyang.

Bagaimana Ia Berlaku — Perangkap Tersembunyi

1. **Inisial sebagai Perjanjian**
   Beberapa inisial, terutamanya yang dikaitkan dengan nama nenek moyang, tuhan keluarga atau dewa air (cth, "MM" = Mami/Marin; "OL" = Oya/Orisha Lineage), bertindak sebagai tanda tangan iblis.
2. **Rendam Bayi di Sungai/Arus**
   Selesai "untuk perlindungan" atau "pembersihan", ini selalunya merupakan **pembaptisan kepada roh laut**.
3. **Upacara Penamaan Rahsia**
   Di mana nama lain (berbeza daripada nama umum) dibisikkan atau diucapkan di hadapan altar atau kuil.
4. **Ritual Tanda Lahir**
   Minyak, abu atau darah diletakkan pada dahi atau anggota badan untuk "menandakan" kanak-kanak untuk roh.
5. **Pengebumian Tali Pusat yang Diberi Air**
   Tali pusat digugurkan ke dalam sungai, sungai, atau dikebumikan dengan mantera air—mengikat kanak-kanak itu pada mezbah air.

Jika ibu bapa anda tidak membuat perjanjian anda dengan Kristus, kemungkinan orang lain menuntut anda.

Amalan Ikatan Rahim Ghaib Global

- **Afrika** – Menamakan bayi dengan nama dewa sungai, mengubur tali berhampiran mezbah laut.
- **Caribbean/Amerika Latin** – Ritual pembaptisan Santeria, dedikasi

gaya Yoruba dengan herba dan barangan sungai.
- **Asia** - Ritual Hindu yang melibatkan air Gangga, penamaan yang dikira secara astrologi terikat dengan roh unsur.
- **Eropah** – Tradisi penamaan Druidik atau esoterik yang menggunakan penjaga hutan/air.
- **Amerika Utara** – Dedikasi ritual asli, berkat bayi Wicca moden, upacara penamaan zaman baharu yang menggunakan "panduan purba."

Bagaimana Saya Tahu?

- Siksaan awal kanak-kanak yang tidak dapat dijelaskan, penyakit, atau "kawan khayalan"
- Mimpi sungai, ikan duyung, dikejar air
- Kebencian kepada gereja tetapi tertarik dengan perkara mistik
- Rasa "diikuti" atau diperhatikan sejak lahir
- Menemui nama kedua atau upacara yang tidak diketahui yang berkaitan dengan bayi anda

Pelan Tindakan – Tebus Masa Bayi

1. **Tanya Roh Kudus** : Apa yang berlaku semasa saya dilahirkan? Tangan rohani apakah yang menyentuh saya?
2. **Menolak semua dedikasi yang tersembunyi** , walaupun dilakukan dalam kejahilan: "Saya menolak sebarang perjanjian yang dibuat bagi pihak saya yang bukan kepada Tuhan Yesus Kristus."
3. **Putuskan hubungan dengan nama nenek moyang, inisial dan token** .
4. **Gunakan Yesaya 49:24–26, Kolose 2:14, dan 2 Korintus 5:17** untuk menyatakan identiti dalam Kristus.
5. Jika perlu, **adakan upacara dedikasi semula** — hadirkan diri anda (atau anak-anak anda) kepada Tuhan semula, dan isytiharkan nama baharu jika dipimpin.

PERMOHONAN KUMPULAN

- Jemput peserta untuk menyelidik kisah nama mereka.
- Cipta ruang untuk penamaan semula rohani jika dipimpin — benarkan orang menuntut nama seperti "David," "Esther," atau identiti yang diterajui semangat.
- Pimpin kumpulan itu dalam *pembaptisan semula simbolik* dedikasi — bukan rendaman air, tetapi pengurapan dan perjanjian berasaskan perkataan dengan Kristus.
- Minta ibu bapa melanggar perjanjian ke atas anak-anak mereka dalam doa: "Kamu adalah milik Yesus — tiada roh, sungai, atau ikatan nenek moyang yang mempunyai asas undang-undang."

Wawasan Utama

Permulaan anda penting. Tetapi ia tidak perlu menentukan akhir anda. Setiap tuntutan sungai boleh dipecahkan oleh sungai darah Yesus.

Jurnal Refleksi

- Apakah nama atau inisial yang diberikan kepada saya, dan apakah maksudnya?
- Adakah terdapat ritual rahsia atau budaya yang dilakukan semasa kelahiran saya yang perlu saya tinggalkan?
- Adakah saya benar-benar mendedikasikan hidup saya — tubuh, jiwa, nama, dan identiti saya — kepada Tuhan Yesus Kristus?

Doa Penebusan

Bapa Tuhan, saya datang di hadapan-Mu dalam nama Yesus. Saya meninggalkan setiap perjanjian, dedikasi, dan ritual yang dilakukan semasa kelahiran saya. Saya menolak setiap penamaan, permulaan air, dan tuntutan nenek moyang. Sama ada melalui inisial, penamaan atau altar tersembunyi — saya membatalkan setiap hak syaitan untuk hidup saya. Saya kini mengaku bahawa saya adalah milik-Mu sepenuhnya. Nama saya tertulis dalam Kitab Kehidupan. Masa lalu saya diliputi oleh darah Yesus, dan identiti saya dimeterai oleh Roh Kudus. Amin.

HARI 40: DARI DISERAHKAN KEPADA PENGHANTARAN — KESAKITAN ANDA ADALAH PENTABISAN ANDA

"*Tetapi orang-orang yang mengenal Tuhannya akan menjadi kuat dan melakukan perbuatan-perbuatan yang baik.*" — Daniel 11:32

"*Lalu Tuhan membangkitkan hakim-hakim, yang menyelamatkan mereka dari tangan perampok ini.*" — Hakim-hakim 2:16

Anda tidak dihantar untuk duduk diam di gereja.

Anda tidak dibebaskan hanya untuk terus hidup. Anda telah dihantar **untuk menyelamatkan orang lain**.

Yesus yang sama yang menyembuhkan orang jahat dalam Markus 5 menghantarnya kembali ke Dekapolis untuk menceritakan kisah itu. Tiada seminari. Tiada pentahbisan. Hanya **kesaksian yang menyala** dan mulut yang terbakar.

Anda adalah lelaki itu. perempuan itu. keluarga itu. bangsa itu.

Kesakitan yang anda alami kini menjadi senjata anda.

Siksaan yang kamu lepaskan ialah sangkakala kamu. Apa yang menahan kamu dalam kegelapan kini menjadi **peringkat kekuasaan kamu.**

Kisah Nyata – Dari Pengantin Marin kepada Menteri Pembebasan

Rebecca, dari Cameroon, adalah bekas pengantin roh marin. Dia dimulakan pada usia 8 tahun semasa upacara penamaan pantai. Menjelang 16 tahun, dia melakukan hubungan seks dalam mimpi, mengawal lelaki dengan matanya, dan telah menyebabkan beberapa perceraian melalui sihir. Dia dikenali sebagai "sumpah yang cantik."

Apabila dia menemui injil di universiti, syaitannya menjadi liar. Ia mengambil masa enam bulan berpuasa, pembebasan, dan kemuridan yang mendalam sebelum dia bebas.

Hari ini, dia mengadakan persidangan pelepasan untuk wanita di seluruh Afrika. Beribu-ribu telah dibebaskan melalui ketaatannya.

Bagaimana jika dia berdiam diri?

Kebangkitan Apostolik — Penyampai Global Sedang Lahir

- **Di Afrika**, bekas ahli sihir kini menanam gereja.
- **Di Asia**, bekas penganut Buddha mengkhotbahkan Kristus di rumah-rumah rahsia.
- **Di Amerika Latin**, bekas paderi Santeria kini memecahkan mezbah.
- **Di Eropah**, bekas ahli ghaib mengetuai kajian Bible ekspositori dalam talian.
- **Di Amerika Utara**, mereka yang terselamat daripada penipuan zaman baharu mengetuai Pembebasan Zoom setiap minggu.

Mereka adalah **yang tidak mungkin**, yang rosak, bekas hamba kegelapan yang kini berarak dalam terang — dan **anda adalah salah seorang daripada mereka**.

Pelan Tindakan Akhir – Masuk ke Panggilan Anda

1. **Tulis kesaksian anda** — walaupun anda rasa ia tidak dramatik. Seseorang memerlukan kisah kebebasan anda.
2. **Mulakan dari kecil** — Berdoa untuk kawan. Menganjurkan pengajian Bible. Kongsi proses penyerahan anda.
3. **Jangan pernah berhenti belajar** — Penyampai kekal dalam Firman, kekal bertaubat, dan kekal tajam.
4. **Lindungi keluarga anda** — Isytiharkan setiap hari bahawa kegelapan berhenti bersama anda dan anak-anak anda.
5. **Isytiharkan zon perang rohani** — Tempat kerja anda, rumah anda, jalan anda. Jadilah penjaga pintu.

Pentauliahan Kumpulan

Hari ini bukan sekadar bakti — ia adalah **upacara pentauliahan**.

- Lumuri kepala masing-masing dengan minyak dan katakan:

"Engkau diserahkan untuk menyelamatkan. Bangunlah, Hakim Tuhan."

- Isytihar dengan lantang sebagai satu kumpulan:

"Kami tidak lagi terselamat. Kami adalah pahlawan. Kami membawa terang, dan kegelapan bergetar."

- Lantik pasangan doa atau rakan kongsi akauntabiliti untuk terus berkembang dalam keberanian dan impak.

Wawasan Utama
Balas dendam terbesar terhadap kerajaan kegelapan bukan sekadar kebebasan.
Ia adalah pendaraban.

Jurnal Refleksi Akhir

- Apakah saat saya tahu saya telah menyeberang dari kegelapan ke cahaya?
- Siapa yang perlu mendengar cerita saya?
- Di manakah saya boleh mula menyinari cahaya dengan sengaja minggu ini?
- Adakah saya sanggup diejek, disalah erti dan ditentang — demi membebaskan orang lain?

Doa Pentauliahan
Tuhan Bapa, saya bersyukur kepada-Mu untuk 40 hari api, kebebasan, dan kebenaran. Anda tidak menyelamatkan saya hanya untuk melindungi saya - Anda menghantar saya untuk menyelamatkan orang lain. Hari ini, saya menerima jubah ini. Kesaksian saya adalah pedang. Parut saya adalah senjata. Doa saya adalah tukul. Ketaatanku adalah ibadah. Saya kini berjalan dalam nama Yesus — sebagai pemula, penyelamat, pembawa cahaya. Saya Milik-Mu. Kegelapan tiada tempat dalam diriku, dan tiada tempat di sekelilingku. Saya mengambil tempat saya. Dalam nama Yesus. Amin.

360° PENGISYTIHARAN HARIAN PENYAMPAIAN & PENGUASAAN – Bahagian 1

"*Senjata yang dibuat untuk melawanmu tidak akan berhasil, dan setiap lidah yang bangkit melawan engkau dalam penghakiman akan kauhukumi. Inilah milik pusaka hamba-hamba Tuhan...*" - Yesaya 54:17

Hari ini dan setiap hari, saya mengambil kedudukan penuh saya dalam Kristus - roh, jiwa, dan tubuh.

Saya menutup setiap pintu - diketahui dan tidak diketahui - kepada kerajaan kegelapan.

Saya memutuskan semua hubungan, kontrak, perjanjian, atau persekutuan dengan mezbah jahat, roh nenek moyang, pasangan roh, masyarakat ghaib, ilmu sihir, dan pakatan setan — dengan darah Yesus!

Saya mengaku saya bukan untuk dijual. Saya tidak boleh diakses. Saya tidak boleh direkrut. Saya tidak dimulakan semula.

Setiap ingatan syaitan, pengawasan rohani, atau pemanggilan jahat - bertaburan oleh api, dalam nama Yesus!

Saya mengikat diri saya dengan fikiran Kristus, kehendak Bapa, dan suara Roh Kudus.

Aku berjalan dalam terang, dalam kebenaran, dalam kuasa, dalam kesucian, dan dalam tujuan.

Saya menutup setiap mata ketiga, pintu psikik, dan portal yang tidak suci yang dibuka melalui mimpi, trauma, seks, ritual, media, atau ajaran palsu.

Biarkan api Tuhan memakan setiap deposit haram dalam jiwa saya, dalam nama Yesus.

Saya bercakap kepada udara, darat, laut, bintang, dan langit - anda tidak akan bertindak melawan saya.

Setiap mezbah tersembunyi, ejen, pemerhati, atau syaitan berbisik yang ditugaskan terhadap kehidupan, keluarga, panggilan, atau wilayah saya — dilucutkan senjata dan dibungkam oleh darah Yesus!

Saya merendam fikiran saya dalam Firman Tuhan.

Saya menyatakan impian saya dikuduskan. Fikiran saya terlindung. Tidur saya suci. Badan saya adalah kuil api.

Mulai saat ini, saya berjalan dalam pembebasan 360 darjah — tiada yang tersembunyi, tiada yang terlepas.

Setiap perhambaan yang berlarutan putus.Setiap kuk generasi berkecai.Setiap dosa yang tidak bertaubat didedahkan dan dibersihkan.

Saya mengisytiharkan:

- **Kegelapan tidak berkuasa atas saya.**
- **Rumah saya adalah zon kebakaran.**
- **Pintu gerbangku dimeterai dalam kemuliaan.**
- **Saya hidup dalam ketaatan dan berjalan dalam kuasa.**

Saya bangkit sebagai penyelamat kepada generasi saya.

Saya tidak akan menoleh ke belakang. Saya tidak akan kembali. Saya ringan. Saya api. Saya bebas. Dalam nama Yesus yang agung. Amin!

360° PENGISYTIHARAN HARIAN PENYAMPAIAN & PENGUASAAN – Bahagian 2

Perlindungan daripada sihir, sihir, ahli nujum, perantara, dan saluran syaitan

Pembebasan untuk diri sendiri dan orang lain di bawah pengaruh atau perhambaan mereka

Membersihkan dan menutupi melalui darah Yesus

Pemulihan kekukuhan, identiti, dan kebebasan dalam Kristus

Perlindungan dan Kebebasan daripada Sihir, Perantara, Ahli Necromancer, dan Ikatan Rohani

(Melalui Darah Yesus dan Firman Kesaksian Kita)

"Dan mereka mengalahkan dia oleh darah Anak Domba dan oleh perkataan kesaksian mereka..."

— *Wahyu 12:11*

"Tuhan ... menggagalkan tanda-tanda nabi palsu dan memperbodohkan para peramal ... meneguhkan firman hamba-Nya dan menggenapi nasihat para utusan-Nya."

— *Yesaya 44:25–26*

"Roh Tuhan ada pada-Ku... untuk memberitakan pembebasan kepada orang-orang tawanan dan pembebasan kepada mereka yang terikat..."

— *Lukas 4:18*

DOA PEMBUKA:

Tuhan Bapa, saya datang dengan berani hari ini dengan darah Yesus. Saya mengakui kuasa dalam nama-Mu dan menyatakan bahawa hanya Engkaulah penyelamat dan pembela saya. Saya berdiri sebagai hamba dan saksi-Mu, dan saya mengumumkan Firman-Mu dengan berani dan berkuasa hari ini.

PENGISYTIHARAN PERLINDUNGAN DAN PENYELESAIAN

1. **Pembebasan daripada Sihir, Perantara, Ahli Necromancer, dan Pengaruh Rohani:**

- Saya **mematahkan dan meninggalkan** setiap kutukan, mantra, ramalan, pesona, manipulasi, pemantauan, unjuran astral, atau ikatan jiwa-dituturkan atau digubal-melalui sihir, sihir, perantara, atau saluran rohani.
- Saya **mengisytiharkan** bahawa **darah Yesus** menentang setiap roh najis yang berusaha untuk mengikat, mengalihkan perhatian, menipu, atau memanipulasi saya atau keluarga saya.
- Saya memerintahkan **semua gangguan rohani, kepemilikan, penindasan, atau perhambaan jiwa** untuk dipecahkan sekarang oleh pihak berkuasa dalam nama Yesus Kristus.
- Saya bercakap **pembebasan untuk diri saya sendiri dan untuk setiap orang secara sedar atau tidak di bawah pengaruh sihir atau cahaya palsu**. Keluar sekarang! Bebas, dalam nama Yesus!
- Saya menyeru api Tuhan untuk **membakar setiap kuk rohani, kontrak syaitan, dan mezbah** yang didirikan dalam roh untuk memperhambakan atau menjerat takdir kita.

"Tidak ada sihir terhadap Yakub, tidak ada ramalan terhadap Israel."
— *Bilangan 23:23*

2. **Pembersihan dan Perlindungan Diri, Anak dan Keluarga:**

- Saya memohon darah Yesus atas **fikiran, jiwa, roh, badan, emosi, keluarga, anak-anak, dan pekerjaan saya.**
- Saya mengisytiharkan: Saya dan rumah saya **dimeteraikan oleh Roh Kudus dan tersembunyi bersama Kristus di dalam Tuhan.**
- Tiada senjata yang dibentuk untuk menentang kita akan berjaya. Setiap lidah yang bercakap jahat terhadap kita **dihakimi dan disenyapkan** dalam nama Yesus.

- Saya meninggalkan dan mengusir setiap **roh ketakutan, siksaan, kekeliruan, rayuan, atau kawalan** .

"Akulah TUHAN, yang menggagalkan tanda-tanda pendusta..." — *Yesaya 44:25*

3. Pemulihan Identiti, Tujuan, dan Fikiran Bunyi:

- Saya menuntut semula setiap bahagian jiwa dan identiti saya yang telah **diperdagangkan, terperangkap atau dicuri** melalui penipuan atau kompromi rohani.
- Saya mengisytiharkan: Saya mempunyai **fikiran Kristus** , dan saya berjalan dalam kejelasan, kebijaksanaan, dan kuasa.
- Saya menyatakan: Saya **dibebaskan dari setiap kutukan generasi dan sihir rumah tangga** , dan saya berjalan dalam perjanjian dengan Tuhan.

"Tuhan tidak memberikan kepadaku roh ketakutan, melainkan roh yang membangkitkan kuasa, kasih dan fikiran yang waras." — *2 Timotius 1:7*

4. Penutupan Harian dan Kemenangan dalam Kristus:

- Saya mengisytiharkan: Hari ini, saya berjalan dalam **perlindungan ilahi, kebijaksanaan, dan kedamaian** .
- Darah Yesus bercakap **perkara yang lebih baik** untuk saya—perlindungan, penyembuhan, kuasa, dan kebebasan.
- Setiap tugasan jahat yang ditetapkan untuk hari ini dibatalkan. Saya berjalan dalam kemenangan dan kemenangan dalam Kristus Yesus.

"Seribu orang rebah di sisiku dan sepuluh ribu di sebelah kananku, tetapi itu tidak akan mendekatiku..." — *Mazmur 91:7*

AKUAN DAN TESTIMONI AKHIR:

"Saya mengatasi segala bentuk kegelapan, sihir, sihir, sihir, manipulasi jiwa, gangguan jiwa, dan pemindahan rohani yang jahat—bukan dengan kekuatan saya tetapi **dengan darah Yesus dan Firman kesaksian saya** ."

"Aku mengisytiharkan: **Aku telah selamat. Rumah tanggaku telah selamat.** Setiap kuk yang tersembunyi dipatahkan. Setiap perangkap terbuka.

Setiap cahaya palsu dipadamkan. Aku berjalan dalam kebebasan. Aku berjalan dalam kebenaran. Aku berjalan dalam kuasa Roh Kudus."

"Tuhan meneguhkan firman hamba-Nya dan melaksanakan nasihat utusan-Nya, demikianlah halnya pada hari ini dan setiap hari dan seterusnya."

Dalam nama Yesus yang perkasa, **Amin.**

RUJUKAN AYAT:

- Yesaya 44:24–26
- Wahyu 12:11
- Yesaya 54:17
- Mazmur 91
- Bilangan 23:23
- Lukas 4:18
- Efesus 6:10–18
- Kolose 3:3
- 2 Timotius 1:7

360° PENGISYTIHARAN HARIAN PENYAMPAIAN & PENGUASAAN - Bahagian 3

"Tuhan adalah pahlawan perang: Tuhan adalah nama-Nya." — Keluaran 15:3

"Mereka mengalahkan dia oleh darah Anak Domba dan oleh perkataan kesaksian mereka..." — Wahyu 12:11

Hari ini, saya bangkit dan mengambil tempat saya dalam Kristus - duduk di tempat syurga, jauh di atas semua kerajaan, kuasa, takhta, kerajaan, dan setiap nama yang disebut.

SAYA MENYERAH

Saya meninggalkan setiap perjanjian, sumpah, atau permulaan yang diketahui dan tidak diketahui:

- Freemasonry (darjah 1 hingga 33)
- Kabbala dan mistik Yahudi
- Bintang Timur dan Rosicrucians
- Perintah Jesuit dan Illuminati
- Persaudaraan syaitan dan mazhab Luciferian
- Roh marin dan perjanjian bawah laut
- Ular Kundalini, penjajaran chakra, dan pengaktifan mata ketiga
- Penipuan New Age, Reiki, yoga Kristian, dan perjalanan astral
- Sihir, sihir, necromancy, dan kontrak astral
- Ikatan jiwa ghaib daripada seks, ritual dan perjanjian rahsia
- Sumpah Masonik atas keturunan dan keimamatan nenek moyang saya

Saya memutuskan setiap tali pusat rohani untuk:

- Mezbah darah kuno
- Api kenabian palsu
- Pasangan roh dan penceroboh impian
- Geometri suci, kod cahaya, dan doktrin undang-undang sejagat
- Kristus palsu , roh biasa, dan roh kudus palsu

Biarkan darah Yesus bercakap bagi pihak saya. Biar setiap kontrak terkoyak. Biarlah setiap mezbah hancur. Biarkan setiap identiti iblis dipadamkan — sekarang!

SAYA ISYTIHKAN

Saya mengisytiharkan:

- Tubuh saya adalah bait Roh Kudus yang hidup.
- Fikiran saya dijaga oleh topi keselamatan.
- Jiwaku dikuduskan setiap hari oleh pembasuhan Firman.
- Darah saya dibersihkan oleh Kalvari.
- Impian saya dimeterai dalam cahaya.
- Nama saya tertulis dalam Buku Kehidupan Anak Domba — bukan dalam mana-mana pendaftaran ghaib, pondok, buku log, skrol, atau meterai!

SAYA PERINTAH

saya perintah:

- Setiap agen kegelapan — pemerhati, pemantau, projektor astral — akan dibutakan dan diserakkan.
- Setiap tambatan kepada dunia bawah tanah, dunia marin, dan pesawat astral — hancur!
- Setiap tanda gelap, implan, luka ritual, atau penjenamaan rohani — dibersihkan dengan api!
- Setiap roh biasa berbisik berbohong — diam sekarang!

SAYA BERHENTI

Saya melepaskan diri daripada:

- Semua garis masa syaitan, penjara jiwa dan sangkar roh
- Semua kedudukan dan darjah kongsi gelap
- Semua mantel, takhta, atau mahkota palsu yang saya pakai
- Setiap identiti yang tidak dikarang oleh Tuhan
- Setiap pakatan, persahabatan atau hubungan diperkasakan oleh sistem gelap

SAYA TUBUHKAN

Saya menubuhkan:

- Tembok api kemuliaan di sekeliling saya dan rumah tangga saya
- Malaikat suci di setiap pintu gerbang, pintu gerbang, tingkap, dan jalan
- Kesucian dalam media, muzik, ingatan dan fikiran saya
- Kebenaran dalam persahabatan, pelayanan, perkahwinan, dan misi saya
- Persekutuan yang tidak terputus dengan Roh Kudus

SAYA SERAH

Saya menyerahkan diri saya sepenuhnya kepada Yesus Kristus -
Anak Domba yang telah disembelih, Raja yang memerintah , Singa yang mengaum.
Saya memilih cahaya. Saya memilih kebenaran. Saya memilih ketaatan.
Saya tidak tergolong dalam kerajaan gelap dunia ini.
Saya tergolong dalam Kerajaan Tuhan kita dan Kristus-Nya.

SAYA AMARANKAN MUSUH

Melalui pengisytiharan ini saya mengeluarkan notis kepada:

- Setiap kerajaan berpangkat tinggi
- Setiap semangat memerintah ke atas bandar, keturunan, dan negara
- Setiap pengembara astral, ahli sihir, ahli sihir, atau bintang jatuh...

Saya adalah harta yang tidak boleh disentuh.
Nama saya tidak ditemui dalam arkib anda. Jiwa saya bukan untuk dijual. Impian saya berada di bawah perintah. Badan saya bukan bait awak. Masa

depan saya bukan taman permainan awak. Saya tidak akan kembali ke perhambaan. Saya tidak akan mengulangi kitaran nenek moyang. Saya tidak akan membawa api aneh. Aku tidak akan menjadi tempat peristirahatan bagi ular.

SAYA SEAL

Saya memeterai pengisytiharan ini dengan:

- Darah Yesus
- Api Roh Kudus
- Kewibawaan Firman
- Kesatuan Tubuh Kristus
- Bunyi kesaksian saya

Dalam nama Yesus, Amin dan Amin

KESIMPULAN: DARI SURVIVAL KE ANAK — KEKAL BEBAS, HIDUP BEBAS, BEBASKAN ORANG LAIN

"*Karena itu berdirilah teguh dalam kemerdekaan yang dengannya Kristus telah memerdekakan kita, dan jangan terjerat lagi dengan kuk perhambaan.*" — Galatia 5:1

"*Dia mengeluarkan mereka dari kegelapan dan bayang-bayang maut, dan memutuskan rantai mereka.*" — Mazmur 107:14

40 hari ini bukan sekadar ilmu. Mereka adalah tentang **peperangan**, **kebangkitan**, dan **berjalan dalam kekuasaan**.

Anda telah melihat bagaimana kerajaan gelap beroperasi — secara halus, secara turun-temurun, kadangkala secara terbuka. Anda telah mengembara melalui pintu gerbang nenek moyang, alam mimpi, pakatan ghaib, ritual global dan siksaan rohani. Anda telah menemui testimoni kesakitan yang tidak dapat dibayangkan — tetapi juga **pelepasan radikal**. Anda telah memecahkan mezbah, meninggalkan pembohongan, dan menghadapi perkara-perkara yang banyak mimbar terlalu takut untuk dinamakan.

TETAPI INI BUKAN AKHIRNYA.

Sekarang bermulalah perjalanan sebenar: **Mengekalkan kebebasan anda. Hidup dalam Roh. Mengajar orang lain jalan keluar.**

Mudah untuk melalui 40 hari kebakaran dan kembali ke Mesir. Sangat mudah untuk merobohkan mezbah hanya untuk membina semula mereka dalam kesepian, nafsu, atau keletihan rohani.

jangan.

Anda bukan lagi **hamba kepada kitaran**. Anda adalah **penjaga** di dinding. Penjaga **pintu** untuk keluarga anda. Seorang **pahlawan** untuk bandar anda. Suara kepada bangsa-**bangsa**.

7 CAJ AKHIR UNTUK MEREKA YANG AKAN BERJALAN DALAM DOMINION

1. **Jaga pintu gerbang anda**
   Jangan buka semula pintu rohani melalui kompromi, pemberontakan, perhubungan atau rasa ingin tahu.
   "Jangan berikan tempat kepada syaitan." — Efesus 4:27
2. **Disiplin selera**
   makan Puasa harus menjadi sebahagian daripada irama bulanan anda. Ia menjajarkan semula jiwa dan mengekalkan daging anda di bawah penyerahan.
3. **Berkomitmen kepada kesucian**
   Emosi, seksual, lisan, visual. Kekotoran ialah pintu gerbang nombor satu yang digunakan syaitan untuk merangkak masuk semula.
4. **Kuasai Firman**
   Kitab bukan pilihan. Ia adalah pedang, perisai, dan makanan harian anda. *"Hendaklah firman Kristus diam dengan segala kekayaannya di dalam kamu..."* (Kol. 3:16)
5. **Cari puak anda**
   Deliverance tidak pernah dimaksudkan untuk berjalan sendirian. Bina, berkhidmat, dan sembuh dalam komuniti yang dipenuhi Roh.
6. **Peluk penderitaan**
   Ya — penderitaan. Tidak semua azab adalah syaitan. Ada yang menyucikan. Berjalan melaluinya. Kemuliaan di hadapan.
   "Setelah kamu menderita sedikit lama... Dia akan menguatkan, menetap, dan meneguhkan kamu." — 1 Petrus 5:10
7. **Ajar orang lain**
   secara percuma yang telah anda terima — sekarang berikan dengan percuma. Bantu orang lain mendapat percuma. Mulakan dengan rumah anda, bulatan anda, gereja anda.

DARI DISAMPAIKAN KEPADA MURID

Kebaktian ini adalah seruan global — bukan sahaja untuk penyembuhan tetapi untuk tentera bangkit.

Sudah tiba **masanya untuk gembala** yang dapat mencium bau peperangan.

Sudah tiba **masanya untuk nabi-nabi** yang tidak gentar dengan ular.

Sudah **tiba masanya untuk ibu dan bapa** yang memecahkan perjanjian generasi dan membina mezbah kebenaran.

Sudah **tiba masanya untuk negara-negara** diberi amaran, dan untuk Gereja tidak lagi berdiam diri.

ANDA ADALAH PERBEZAANNYA

Ke mana anda pergi dari sini adalah penting. Apa yang anda bawa adalah penting. Kegelapan anda telah ditarik darinya adalah wilayah yang kini anda kuasai.

Pembebasan adalah hak kesulungan anda. Kekuasaan adalah mantel anda. Sekarang berjalan di dalamnya.

DOA AKHIR

Tuhan Yesus, terima kasih kerana berjalan bersama saya selama 40 hari ini. Terima kasih kerana mendedahkan kegelapan, memutuskan rantai, dan memanggil saya ke tempat yang lebih tinggi. Saya menolak untuk kembali. Saya melanggar setiap perjanjian dengan ketakutan, keraguan, dan kegagalan. Saya menerima tugas kerajaan saya dengan berani. Gunakan saya untuk membebaskan orang lain. Penuhi saya dengan Roh Kudus setiap hari. Biarkan hidup saya menjadi senjata terang - dalam keluarga saya, dalam negara saya, dalam Tubuh Kristus. Saya tidak akan diam. Saya tidak akan dikalahkan. Saya tidak akan berputus asa. Saya berjalan dari kegelapan kepada kekuasaan. Selamanya. Dalam nama Yesus. Amin.

Bagaimana untuk Dilahirkan Semula dan Mulakan Kehidupan Baru bersama Kristus

Mungkin anda pernah berjalan bersama Yesus sebelum ini, atau mungkin anda baru sahaja bertemu Dia sepanjang 40 hari ini. Tetapi sekarang, sesuatu dalam diri anda sedang bergolak.

Anda bersedia untuk lebih daripada agama.

Anda sudah bersedia untuk **hubungan**.

Anda sudah bersedia untuk berkata, "Yesus, saya perlukan Engkau."

Inilah kebenarannya:

"Sebab semua orang telah berbuat dosa; kita semua tidak mencapai standar kemuliaan Allah... tetapi Allah, dalam kasih karunia-Nya, dengan bebas membenarkan kita di hadapan-Nya."

— Roma 3:23–24 (NLT)

Anda tidak boleh memperoleh keselamatan.

Anda tidak boleh memperbaiki diri sendiri. Tetapi Yesus telah membayar harga penuh — dan Dia sedang menunggu untuk mengalu-alukan anda pulang.

Bagaimana untuk Dilahirkan Semula

DILAHIRKAN SEMULA BERMAKNA menyerahkan hidup anda kepada Yesus - menerima pengampunan-Nya, percaya Dia telah mati dan bangkit semula, dan menerima Dia sebagai Tuhan dan Juruselamat anda.

Mudah sahaja. Ia berkuasa. Ia mengubah segala-galanya.

Doakan Ini dengan lantang:

"**TUHAN YESUS, SAYA PERCAYA** Engkau adalah Anak Tuhan.

Saya percaya Engkau telah mati untuk dosa-dosa saya dan bangkit semula.

Saya mengaku bahawa saya telah berdosa dan saya memerlukan pengampunan-Mu.

Hari ini, saya bertaubat dan berpaling dari cara lama saya.

Saya menjemput-Mu ke dalam hidup saya untuk menjadi Tuhan dan Juruselamat saya.

Basuhlah saya bersih. Penuhi saya dengan Roh-Mu.

Saya menyatakan bahawa saya dilahirkan semula, diampuni, dan saya akan hidup

pada hari ini .

Terima kasih kepada -Mu, dan saya akan hidup pada hari ini. menyelamatkan saya dalam nama Yesus, amin."

Langkah Seterusnya Selepas Keselamatan

1. **Beritahu Seseorang** - Kongsi keputusan anda dengan orang percaya yang anda percayai.
2. **Cari Gereja Berasaskan Alkitab** – Sertai komuniti yang mengajar Firman Tuhan dan mengamalkannya. Lawati kementerian Helang Tuhan dalam talian melalui https://www.otakada.org [1] atau https://chat.whatsapp.com/H67spSun32DDTma8TLh0ov
3. **Dapatkan Dibaptis** – Ambil langkah seterusnya secara terbuka untuk mengisytiharkan iman anda.
4. **Baca Alkitab Setiap Hari** – Mulakan dengan Injil Yohanes.
5. **Berdoa Setiap Hari** – Bercakap dengan Tuhan sebagai kawan dan Bapa.
6. **Kekal Terhubung** – Kelilingi diri anda dengan orang yang menggalakkan berjalan kaki baharu anda.
7. **Mulakan Proses pemuridan dalam komuniti** – Kembangkan hubungan satu lawan satu dengan Yesus Kristus melalui pautan ini

Pemuridan 40 hari 1 - https://www.otakada.org/get-free-40-days-online-discipleship-course-in-a-journey-with-jesus/

---

[1] https://www.otakada.org

40 Kemuridan 2 - https://www.otakada.org/get-free-40-days-dna-of-discipleship-journey-with-jesus-series-2/

Detik Keselamatan Saya

Tarikh : _____
Tandatangan : _____

"*Barangsiapa ada di dalam Kristus, ia adalah ciptaan baru; yang lama sudah berlalu, yang baru sudah datang!*"
— 2 Korintus 5:17

Sijil Kehidupan Baru dalam Kristus

Deklarasi Keselamatan – Dilahirkan Semula oleh Rahmat

Ini memperakui bahawa

_____

(NAMA PENUH)

telah mengisytiharkan secara terbuka **iman kepada Yesus Kristus** sebagai Tuhan dan Juruselamat dan telah menerima hadiah keselamatan percuma melalui kematian dan kebangkitan-Nya.

"Jika kamu dengan terang-terangan menyatakan bahawa Yesus adalah Tuhan dan percaya dalam hatimu bahawa Allah telah membangkitkan Dia dari antara orang mati, kamu akan diselamatkan."
— Roma 10:9 (NLT)

Pada hari ini, syurga bergembira dan perjalanan baru bermula.

Tarikh Keputusan : _____

Tandatangan : _____

Pengisytiharan Keselamatan

"HARI INI, SAYA MENYERAHKAN hidup saya kepada Yesus Kristus.

Saya percaya Dia mati untuk dosa-dosa saya dan bangkit semula. Saya menerima Dia sebagai Tuhan dan Juruselamat saya. Saya diampuni, dilahirkan semula, dan dijadikan baru. Mulai saat ini dan seterusnya, saya akan berjalan mengikut jejak-Nya."

Selamat datang ke Keluarga Tuhan!

NAMAMU TERTULIS DALAM Kitab Kehidupan Anak Domba. Kisah anda baru bermula — dan ia kekal abadi.

BERHUBUNG DENGAN KEMENTERIAN HELANG ALLAH

- laman web: www.otakada.org[1]
- Siri Wealth Beyond Worry: www.wealthbeyondworryseries.com[2]
- E-mel: ambassador@otakada.org

- **Sokong kerja ini:**

Sokong projek kerajaan, misi dan sumber global percuma melalui pemberian yang diterajui perjanjian.
Imbas Kod QR untuk Memberi
https://tithe.ly/give?c=308311
    Kemurahan hati anda membantu kami menjangkau lebih ramai jiwa, menterjemah sumber, menyokong mubaligh, dan membina sistem pemuridan secara global. terima kasih!

---

1. https://www.otakada.org
2. https://www.wealthbeyondworryseries.com

3. SERTAI KOMUNITI Perjanjian WhatsApp Kami

Terima kemas kini, kandungan ibadah, dan berhubung dengan orang percaya yang berfikiran perjanjian di seluruh dunia.

Imbas untuk Sertai

https://chat.whatsapp.com/H67spSun32DDTma8TLh0ov

BUKU & SUMBER CADANGAN

- *Dihantar dari Kuasa Kegelapan* (Kembali Kertas) — Beli Di Sini [1] | Ebook [2] di Amazon [3]

- **Ulasan Teratas dari Amerika Syarikat:**
    - **Pelanggan Kindle** : "Bacaan Kristian Terbaik yang pernah ada!" (5 bintang)

---

1. https://shop.ingramspark.com/b/084?params=oeYbAkVTC5ao8PfdVdzwko7wi6IQimgJY2779NaqG4e
2. https://www.amazon.com/Delivered-Power-Darkness-AFRICAN-DELIVERED-ebook/dp/B0CC5MM4MV
3. https://www.amazon.com/Delivered-Power-Darkness-AFRICAN-DELIVERED-ebook/dp/B0CC5MM4MV

PUJILAH YESUS ATAS kesaksian ini. Saya telah diberkati dan akan mengesyorkan setiap orang untuk membaca buku ini... Kerana upah dosa ialah maut tetapi karunia Tuhan ialah hidup yang kekal. Syalom! Syalom!

- **Da Gster** : "Ini adalah buku yang sangat menarik dan agak pelik." (5 bintang)

Jika apa yang dikatakan dalam buku itu benar maka kita benar-benar jauh ketinggalan daripada apa yang mampu dilakukan oleh musuh! ... Satu kemestian bagi sesiapa yang ingin belajar tentang peperangan rohani.

- **Visa** : "Suka buku ini" (5 bintang)

Ini adalah pembuka mata... pengakuan yang benar... Baru-baru ini saya telah mencarinya di mana-mana untuk membelinya. Sangat gembira untuk mendapatkannya dari Amazon.

- **FrankJM** : "Agak berbeza" (4 bintang)

Buku ini mengingatkan saya betapa peperangan rohani yang sebenar. Ia juga mengingatkan sebab untuk memakai "Perisai Penuh Tuhan."

- **JenJen** : "Semua orang yang ingin pergi ke Syurga- baca ini!" (5 bintang)

Buku ini banyak mengubah hidup saya. Bersama-sama dengan keterangan John Ramirez, ia akan membuatkan anda melihat iman anda secara berbeza. Saya telah membacanya 6 kali!

- *Bekas Syaitan: The James Exchange* (Kulit kertas) — Beli Di Sini [4]| Ebook [5]di Amazon[6]

---

4. https://shop.ingramspark.com/b/
084?params=I2HNGtbqJRbal8OxU3RMTApQsLLxcUCTC8zUdzDy0W1

5. https://www.amazon.com/JAMESES-Exchange-Testimony-High-Ranking-Encounters-ebook/dp/
B0DJP14JLH

6. https://www.amazon.com/JAMESES-Exchange-Testimony-High-Ranking-Encounters-ebook/dp/
B0DJP14JLH

- **TESTIMONI BEKAS SYAITAN** *Afrika* - *Pastor JONAS LUKUNTU MPALA* (Kulit kertas) — Beli Di Sini [7]| Ebook [8]di Amazon[9]

- *Greater Exploits 14* (Kulit kertas) — Beli Di Sini [10]| Ebook [11]di Amazon[12]

---

7. https://shop.ingramspark.com/b/
   084?params=0Aj9Sze4cYoLM5OqWrD20kgknXQQqO5AZYXcWtoMqWN
8. https://www.amazon.com/TESTIMONY-African-EX-SATANIST-Pastor-Jonas-ebook/dp/
   B0DJDLFKNR
9. https://www.amazon.com/TESTIMONY-African-EX-SATANIST-Pastor-Jonas-ebook/dp/
   B0DJDLFKNR
10. https://shop.ingramspark.com/b/084?params=772LXinQn9nCWcgq572PDsqPjkTJmpgSqrp88b0qzKb
11. https://www.amazon.com/Greater-Exploits-MYSTERIOUS-Strategies-Countermeasures-ebook/dp/
    B0CGHYPZ8V
12. https://www.amazon.com/Greater-Exploits-MYSTERIOUS-Strategies-Countermeasures-ebook/dp/
    B0CGHYPZ8V

- *Out of the Devil's Cauldron* oleh John Ramirez — Tersedia di Amazon[13]
- *Dia Datang untuk Bebaskan Tawanan* oleh Rebecca Brown — Cari di Amazon[14]

Buku lain yang diterbitkan oleh pengarang – Lebih 500 judul
Disayangi, Dipilih dan Seluruh : Perjalanan 30 Hari dari Penolakan kepada **Pemulihan** diterjemahkan ke dalam 40 bahasa dunia
https://www.amazon.com/Loved-Chosen-Whole-Rejection-Restoration-ebook/dp/B0F9VSD8WL
https://shop.ingramspark.com/b/084?params=xga0WR16muFUwCoeMUBHQ6HwYjddLGpugQHb3DVa5hE

---

13. https://www.amazon.com/Out-Devils-Cauldron-John-Ramirez/dp/0985604306
14. https://www.amazon.com/He-Came-Set-Captives-Free/dp/0883683239

Dalam Langkahnya — Cabaran WWJD 40 Hari:
Hidup Seperti Yesus dalam Kisah Kehidupan Nyata Di Seluruh Dunia

https://www.amazon.com/His-Steps-Challenge-Real-Life-Stories-ebook/dp/B0FCYTL5MG

https://shop.ingramspark.com/b/084?params=DuNTWS59IbkvSKtGFbCbEFdv3Zg0FaITUEvlK49yLzB

YESUS DI PINTU:
40 Kisah Menyayat Hati dan Amaran Terakhir Syurga kepada Gereja-Gereja HARI INI

https://www.amazon.com/dp/B0FDX31L9F

https://shop.ingramspark.com/b/084?params=TpdA5j8WPvw83glJ12N1B3nf8LQte2a1lIEy32bHcGg

KEHIDUPAN PERJANJIAN: 40 Hari Berjalan dalam Berkat Ulangan 28

- https://www.amazon.com/dp/B0FFJCLDB5

Cerita dari Orang Sebenar, Ketaatan Sebenar, dan Sebenar
https://shop.ingramspark.com/b/
084?params=bH3pzfz1zdCOLpbs7tZYJNYgGcYfU32VMz3J3a4e2Qt

Transformasi dalam lebih 20 bahasa

MENGENAL DIA & MENGENAL DIA:
40 Hari untuk Penyembuhan, Pemahaman, dan Cinta Kekal

HTTPS://WWW.AMAZON.com/KNOWING-HER-HIM-Healing-Understanding-ebook/dp/B0FGC4V3D9[15]

https://shop.ingramspark.com/b/084?params=vC6KCLoI7Nnum24BVmBtSme9i6k59p3oynaZOY4B9Rd

LENGKAP, BUKAN BERSAING:
Perjalanan 40 Hari untuk Tujuan, Perpaduan dan Kerjasama

---

15. https://www.amazon.com/KNOWING-HER-HIM-Healing-Understanding-ebook/dp/B0FGC4V3D9

HTTPS://SHOP.INGRAMSPARK.com/b/084?params=5E4v1tHgeTqOOuEtfTYUzZDzLyXLee30cqYo0Ov9941[16]

https://www.amazon.com/COMPLETE-NOT-COMPETE-Journey-Collaboration-ebook/dp/B0FGGL1XSQ/

KOD KESIHATAN ILAHI - 40 Kunci Harian untuk Mengaktifkan Penyembuhan Melalui Firman dan Ciptaan Tuhan Membuka Kunci Kuasa Penyembuhan Tumbuhan, Doa dan Tindakan Kenabian

---

16. https://shop.ingramspark.com/b/084?params=5E4v1tHgeTqOOuEtfTYUzZDzLyXLee30cqYo0Ov9941

https://shop.ingramspark.com/b/084?params=xkZMrYcEHnrJDhe1wuHHYixZDViiArCeJ6PbNMTbTux

https://www.amazon.com/dp/B0FHJT42TK

BUKU LAIN BOLEH DIDAPATI di halaman pengarang
https://www.amazon.com/stores/Ambassador-Monday-O.-Ogbe/author/B07MSBPFNX

LAMPIRAN (1-6): SUMBER UNTUK MENGEKALKAN KEBEBASAN & PENYAMPAIAN LEBIH DALAM

LAMPIRAN 1: Doa untuk Membezakan Sihir Tersembunyi, Amalan Ghaib, atau Altar Aneh di Gereja

"*Hai anak manusia, adakah kamu melihat apa yang mereka lakukan dalam gelap...?*" — Yehezkiel 8:12

"*Dan janganlah kamu bersekutu dengan perbuatan-perbuatan kegelapan yang tidak membuahkan hasil, tetapi ungkapkanlah itu.*" — Efesus 5:11

Doa untuk Ketajaman & Pendedahan:

Tuhan Yesus, bukalah mataku untuk melihat apa yang Engkau lihat. Biarkan setiap api aneh, setiap mezbah rahsia, setiap operasi ghaib yang bersembunyi di belakang mimbar, bangku, atau amalan didedahkan. Tanggalkan tudung. Dedahkan penyembahan berhala yang bertopengkan sebagai penyembahan, manipulasi yang bertopengkan nubuatan, dan penyelewengan yang bertopeng sebagai rahmat. Bersihkan perhimpunan tempatan saya. Jika saya adalah sebahagian daripada persekutuan yang dikompromi, bawa saya kepada keselamatan. Bangkitkan mezbah yang murni. Tangan bersih. Hati yang suci. Dalam nama Yesus. Amin.

LAMPIRAN 2: Protokol Penolakan & Pembersihan Media

"*Aku tidak akan menaruh perkara jahat di depan mataku...*" — Mazmur 101:3

Langkah-langkah untuk Membersihkan Kehidupan Media Anda:

1. **Audit** segala-galanya: filem, muzik, permainan, buku, platform.
2. **Tanya:** Adakah ini memuliakan Tuhan? Adakah ia membuka pintu kepada kegelapan (cth, seram, nafsu, sihir, tema ganas atau zaman baru)?
3. **Meninggalkan** :

"Saya meninggalkan setiap portal syaitan yang dibuka melalui media yang tidak baik. Saya memutuskan hubungan jiwa saya daripada semua ikatan jiwa kepada selebriti, pencipta, watak dan jalan cerita yang diperkasakan oleh musuh."

1. **Padam & Musnah** : Alih keluar kandungan secara fizikal dan digital.
2. **Gantikan** dengan alternatif yang saleh — ibadat, ajaran, kesaksian, filem yang sihat.

LAMPIRAN 3: Freemasonry, Kabbalah, Kundalini, Sihir, Skrip Penolakan Ghaib

"*Janganlah berbuat apa-apa dengan perbuatan kegelapan yang sia-sia...*" — Efesus 5:11

Katakan dengan kuat:

Dalam nama Yesus Kristus, saya meninggalkan setiap sumpah, upacara, simbol, dan permulaan ke dalam mana-mana kumpulan rahsia atau perintah ghaib - secara sedar atau tidak. Saya menolak semua hubungan dengan:

- **Freemasonry** - Semua darjah, simbol, sumpah darah, kutukan, dan penyembahan berhala.
- **Kabbalah** – mistik Yahudi, bacaan Zohar, seruan pohon kehidupan, atau sihir malaikat.
- **Kundalini** – Pembukaan mata ketiga, kebangkitan yoga, api ular, dan penjajaran chakra.
- **Sihir & Zaman Baru** - Astrologi, tarot, kristal, ritual bulan, perjalanan jiwa, reiki, sihir putih atau hitam.
- **Rosicrucians, Illuminati, Tengkorak & Tulang, Sumpah Jesuit, Perintah Druid, Satanisme, Spiritisme, Santeria, Voodoo, Wicca, Thelema, Gnostisisme, Misteri Mesir, upacara Babylon.**

Saya membatalkan setiap perjanjian yang dibuat bagi pihak saya. Saya memutuskan semua hubungan dalam keturunan saya, dalam mimpi saya, atau melalui hubungan jiwa. Saya menyerahkan seluruh makhluk saya kepada Tuhan Yesus Kristus - roh, jiwa, dan tubuh. Biarlah setiap pintu masuk iblis ditutup secara kekal oleh darah Anak Domba. Biarlah nama saya dibersihkan dari setiap daftar gelap. Amin.

LAMPIRAN 4: Panduan Pengaktifan Minyak Urap

"*Adakah di antara kamu yang menderita? Biarlah dia berdoa. Adakah yang sakit di antara kamu? Biarlah mereka memanggil para tua-tua... mengurapi dia dengan minyak dalam nama Tuhan.*" — Yakobus 5:13–14

Cara Menggunakan Minyak Urap untuk Pembebasan & Penguasaan:

- **Dahi** : Memperbaharui minda.
- **Telinga** : Memahami suara Tuhan.
- **Perut** : Membersih tempat emosi dan semangat.
- **Kaki** : Berjalan menuju takdir ilahi.
- **Pintu/Tingkap** : Menutup pintu rohani dan membersihkan rumah.

Perisytiharan semasa mengurapi:
"Saya menguduskan ruang dan bejana ini dengan minyak Roh Kudus. Tiada setan yang mempunyai akses yang sah di sini. Biarkan kemuliaan Tuhan tinggal di tempat ini."

LAMPIRAN 5: Penolakan Penglihatan Mata Ketiga & Ghaib daripada Sumber Ghaib

Katakan dengan kuat:

"Dalam nama Yesus Kristus, saya meninggalkan setiap pembukaan mata ketiga saya — sama ada melalui trauma, yoga, perjalanan astral, psychedelic, atau manipulasi rohani. Saya memohon kepada-Mu, Tuhan, untuk menutup semua portal haram dan menutupnya dengan darah Yesus. Saya melepaskan setiap penglihatan, wawasan, atau keupayaan ghaib yang tidak datang dari Roh Kudus. Biarkan setiap pemerhati syaitan, atau nama saya yang diikat oleh Tuhan yang buta. kesucian atas kuasa, keintiman atas wawasan.

LAMPIRAN 6: Sumber Video dengan Testimoni untuk pertumbuhan rohani

1) bermula dari 1.5 minit - https://www.youtube.com/watch?v=CbFRdraValc

2) https://youtu.be/b6WBHAcwN0k?si=ZUPHzhDVnn1PPIEG
3) https://youtu.be/XvcqdbEIO1M?si=GBlXg-cO-7f09cR[1]
4) https://youtu.be/jSm4r5oEKjE?si=1Z0CPgA33S0Mfvyt
5) https://youtu.be/B2VYQ2-5CQ8?si=9MPNQuA2f2rNtNMH
6) https://youtu.be/MxY2gJzYO-U?si=tr6EMQ6kcKyjkYRs
7) https://youtu.be/ZW0dJAsfJD8?si=Dz0b44I53W_Fz73A
8) https://youtu.be/q6_xMzsj_WA?si=ZTotYKo6Xax9nCWK
9) https://youtu.be/c2ioRBNriG8?si=JDwXwxhe3jZlej1U
10) https://youtu.be/8PqGMMtbAyo?si=UqK_S_hiyJ7rEGz1
11) https://youtu.be/rJXu4RkqvHQ?si=yaRAA_6KIxjm0eOX
12) https://youtu.be/nS_Insp7i_Y?si=ASKLVs6iYdZToLKH
13) https://youtu.be/-EU83j_eXac?si=-jG4StQOw7S0aNaL
14) https://youtu.be/_r4Jyzs2EDk?si=tldAtKOB_3-J_j_C
15) https://youtu.be/KiiUPLaV7xQ?si=I4x7aVmbgbrtXF_S
16) https://youtu.be/68m037cPEu0?si=XpuyyEzGfK1qWYRt
17) https://youtu.be/z4zlp9_aRQg?si=DR3lDYTt632E96a6
18) https://youtube.com/shorts/H_90n-QZU5Q?si=uLPScVXm81DqU6ds

---

1. https://youtu.be/XvcqdbEIO1M?si=GBlXg-c-O-7f09cR

AMARAN AKHIR: Anda Tidak Boleh Bermain Dengan Ini

Pembebasan bukan hiburan. Ia adalah peperangan.
Penolakan tanpa taubat hanyalah bunyi bising. Rasa ingin tahu tidak sama dengan panggilan. Ada perkara yang anda tidak dapat pulih dari semena-mena.

Jadi kira kosnya. Berjalan dalam kesucian. Jaga pintu gerbang anda.

Kerana syaitan tidak menghormati bunyi bising — hanya pihak berkuasa.

www.ingramcontent.com/pod-product-compliance
Lightning Source LLC
Chambersburg PA
CBHW050338010526
44119CB00049B/605